全彩插图版

的

蔡菲菲 // 编著

# 白色魅影

幽灵，传说中的鬼魂，会穿墙、会飞檐走壁，甚至可以用意念控制人……

京华出版社

全国百佳出版社
中央编译出版社
CCTP Central Compilation & Translation Press

**图书在版编目（CIP）数据**

幽灵的白色魅影／蔡菲菲编著 . — 北京：京华出版社，2010.12

ISBN 978-7-5502-0064-7

Ⅰ . ①幽 … Ⅱ . ①蔡 … Ⅲ . ①科学知识－普及读物 Ⅳ . ① Z228

中国版本图书馆 CIP 数据核字（2010）第 214948 号

## 幽灵的白色魅影

| | | |
|---|---|---|
| 编　著 | 蔡菲菲 | |
| 出版发行 | 京华出版社 | |
| | （北京市朝阳区安华西里一区 13 号楼 2 层　100011） | |
| | （010）64258473　64255036　64243832（发行部） | |
| | （010）64258472　64251790　64255606（编辑部） | |
| | E-mail:80600pub @ bookmail.gapp.gov.cn | |
| 印　刷 | 三河市华新科达彩色印刷有限公司 | |
| 开　本 | 710mm×1000mm　　1/16 | |
| 字　数 | 255 千字 | |
| 印　张 | 12.5 | |
| 版　次 | 2010 年 12 月第 1 版 | |
| 印　次 | 2010 年 12 月第 1 次印刷 | |
| 书　号 | ISBN 978-7-5502-0064-7 | |
| 定　价 | 36.00 元 | |

幽灵究竟只是存在于传说中，还是存在于人们生活中？宗教信仰对于幽灵现象起着怎样的作用呢？那些在传说中频频出现的神秘现象究竟是怎么回事？

为了探寻幽灵的奥秘，无数科学家对其进行了实验，然而几千年来都未曾找出令人信服的结果。是幽灵太高深莫测，还是科学家所研究的东西根本不存在？不管幽灵是否存在，人们都无法否认它在人类文明中的作用。从最初的占卜问神，文学作品中的鬼神故事，到现在充满想象力的电影等都有幽灵的影子。它已经不再是简单的想象产物，而是成为影响人们生活的一部分。

# 目录

# 目录

# 第一章
## 幽灵溯源

　　幽灵，一直是带着神秘色彩的词语，这个词背后隐藏的是来无影去无踪的神秘力量，是人类心中最深层的渴望和恐惧。幽灵究竟是怎么产生的？它为何被人们所接受呢？

# 1 幽灵的产生

　　在西方传统中，文化有三大源头，一是苏格拉底、亚里士多德为代表的古希腊文明，随时间发展为科学传统；另一方面则是由古希伯来文明、犹太教，这些宗教观念引起了人们对上帝的敬畏，产生了宗教原罪的思想，还有一个是古罗马法制文明，这就是近代的西方法制观。

　　这些文明就像河流一般交汇在一起，形成了西方的基督教文化。

　　在基督教中，上帝用七天的时间创造了世界，而人生来就是有罪的，只有相信上帝，倾尽一生去忏悔、赎罪，死后才能进入天堂。否则就会下地狱。在人类的想象中，除了上帝创造的世界以外，地球上另外还有第二个世界，由于人们对它一无

◎ 反映古希腊文明的壁画

所知，便充满了想象。人们一直在尝试通过科学、宗教对第二世界进行解释，其中最著名的就是人死后，灵魂就到第二世界了，也就是说，第二世界是鬼魂的世界。

按照基督教的观念，鬼神即灵，而神是完全属于灵的存在，不染一丝一毫的杂质。所以，不少人也习惯于把神看作灵，甚至认为从来都是这样。"万物有灵论"是具有非常浓厚基督教背景的产物。

无论是最初的柏拉图，还是发展到后来的基督教宗教观，在西方，肉体都被作为灵魂的桎梏，是需要被超越和摆脱，而灵魂将以肉体的死亡作为起点，进而得到永生。

东西方文化对于鬼神的认识是非常相似

◎ 上帝创造的世界

## 日本最有名的怨灵

在日本传说中，最有名的怨灵要数早良亲王。奈良时代末期，桓武天皇决定将京城迁往长冈京。然而，新都建筑规划的总指挥却被人谋杀了。后来，调查发现主谋竟然是自己的弟弟皇太子早良亲王。于是，废太子早良亲王被幽禁在一处寺庙之中，最终抱恨死去了。

桓武天皇将自己的儿子安殿亲王立为太子后，桓武天皇的生母、皇后便相继死去，皇子安殿亲王也患上了奇怪的重病，就连日本全国各地也爆发疫病。对此，阴阳师说是早良亲王在作祟。桓武天皇为平息早良亲王的怨气，命人重新修整了其坟墓，而且为了制止早良亲王冤魂的报复行动还特别设计了新都城的风水环境、建城形制。尽管如此，接二连三的灾难还是降临在了桓武天皇身上，他最终患病卧床驾崩。

的，因为都相信万物有灵和灵魂不灭。万物有灵于是产生了神，灵魂不灭于是产生了鬼的概念。神是先于天地万物而存在的，鬼则是人死后才产生的。鬼是人死后另一种形式的存在，鬼与人的死亡密切相连。"不灭的灵魂"正是幽灵的起源。不过，受到宗教"天堂"、"地狱"的影响，在幽灵文化中，人们认为并非所有的人死后都会以幽灵的姿态出现。据说，那些生前心愿未完成、缘分未了的人，或是怨恨难消、仇恨未报而惨死的人，才会变成幽灵现身。这与东方的鬼特别相似，在中国文化中鬼都是人死后所变，老百姓认为死者必须入土为安，才能转世轮回。而那些没有入土，或者是含有冤情、怨恨而没有投胎做人的死者就会变成飘零的孤魂野鬼。在好莱坞电影《断头谷》中，魔鬼骑士没有了头，他被困在一棵生命树下，开始了无尽的杀戮，因为他必须找到自己的头，才可以安心在地底长眠。这正是体现了西方对于灵魂的观念，和东方的想法在概念上不谋而合，只不过西方所表现出来的恶灵与东方常见的怨灵形象有所不同而已。

随着人们的想象、经历，以及历史的发展，在全世界的文化、宗教、

◎《断头谷》剧照

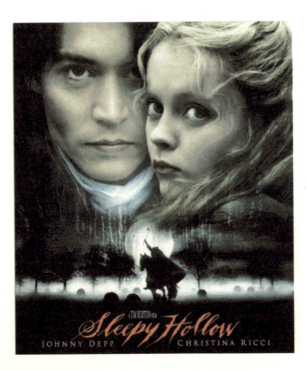

文学中，幽灵和关于幽灵的传说一直占据着重要的地位。

柏拉图首先将灵魂实体化，他认为灵魂是善的，肉体是恶的，要追求事实的本质，只能用灵魂去看待事物，只有死后才能得到智慧。灵魂是不朽的。他认为灵魂是有形的。而受到宗教影响，西方人对幽灵的一个最普遍的认知，觉得幽灵通常是一个披着白色的布、能在空中飞来飞去的形象，并多出现于古堡或森林中，这个形象也成为现在电影中最常表现的情景。

随着人们在现实生活中的离奇经历，他们都将其归结于幽灵作怪，于是想象出的幽灵还会有很多种形状，但它们都是一个个飘浮的影子，并没有固定的形体，一般人用肉眼是看不见的，只有某些特殊人群，如死者的家人、对

◎ 柏拉图画像

◎《哈姆雷特》剧照

手或是具有灵异功能的人才能看得见它们。所以，即使谁想亲眼目睹幽灵，也是一个非常难的事情。还有的幽灵以苍白的水蒸气的形象出现，有的幽灵甚至与普通人毫无区别，它们也吃东西、喝酒，有着人的许多特性，唯一不同的是，它们能在空气中消失，只留下一个白影。

人们认为幽灵居于地下，便在地下盖了给幽灵住的房屋，其入口则以幽灵石镇住，只有在祭拜的日子才拿掉石头，据说是为了让幽灵出来。在古代社会，大家都认为幽灵是一种很自然的现象，在莎士比亚最著名的《哈姆雷特》中，哈姆雷特的父亲的幽灵现身，诉说自己的悲惨遭遇，让哈姆雷特为自己复仇，他的出现带着一丝恐怖气氛，却又显得非常自然。可见当时人们对幽灵并没存有太大的恐惧心理。而在西方很多地方还有许多与幽灵有关的节日，其中最著名的应该是古罗马的"驱亡魂节"了。在这个节日里，一家的主人会在半夜起来，在起居室走路，一边走一边在身后撒上黑色的豆子，通常人们会在屋子里跟着豆子的痕迹转9圈，让幽灵有足够的时间收集贡品，然后屋主会举行一个仪式，同时吹响乐器，直到他们相信所有幽灵都已离开。

知识链接

## 幽灵形象为何没有五官

按照传统的说法，由于幽灵本身的外表是由死者濒死前的瞬间思维所决定的，人们的潜意识，最多见到的是自己的手臂和手掌，五官和脚的信息以及形状在人的潜意识里并没有概念，这也是人们在梦中通常无法看清人面目的原因。所以人的印象中就不存在一个完整的面目图，幽灵便没有了五官。

# 2 观点的起源

幽灵最初又是怎么产生的呢？首先要从信仰讲起。

在西方文化中，幽灵在人的思想概念中一直都是存在的。于是很早就有崇拜死人的传统。古代亚细亚很多国家都对鬼抱有崇拜之情。那时各个国家之间交战合约必定会先要求问鬼和

◎ 天主教圣地梵蒂冈城

◎ 如来佛头像

各路神，所以那时的通灵术也十分普遍。关于鬼魂存在这一说法，在后期发展出来的印度教、神道教，都能找到。造成人类普遍相信鬼神，主要是两大势力促成的。

第一种势力是巫师和宗教人士。这是一类靠鬼神谋生的人，他们千方百计地宣扬和推崇鬼神论、培养信徒。尤其是邪教组织，以修来生、上天堂作诱饵，对自己的信徒洗脑，并动员他们为教主无私奉献一切，包括财物和女儿。但是，仅有巫师和宗教人士，还不足以促成大多数人相信宗教和鬼神，他们只有与统治者结合起来，才能形成一股强大的推动力。

第二种势力是统治者。当初，佛教在印度已创立300余年，但是仍然是个小宗教。

只有在得到国王阿育王的支持和提倡，定为国教后，才成为印度最大的宗教，并且由于阿育王大力向邻国推广佛教，才使佛教成为世界性的宗教。为什么阿育王要极力倡导佛教呢？因为佛教的宗旨对他的统治很有利。佛教得到了广泛的宣传，因而深入人心。在佛教看来，灵魂是存在于异次元空间的生物，当人死亡时，灵魂会脱离肉体，每个经历过生死边缘的人都体会过这种痛苦的过程。这时灵魂会走向一个空洞，这个空洞决定人的来生做什么。如果没有进入轮回，就会成为幽灵。

◎ 阿育王石柱

知识链接

## 《圣经》中魔鬼的由来

当天使被创造出来时，部分天使因美丽心中高傲，自认为应该与上帝一样，与上帝应该同等，失去谦卑顺服的美德，因此在上帝的宝座面前，不再有其容身之处了。于是他们堕落败坏，被上帝弃绝。它们对上帝愤然不满，就公然与上帝为敌，遍地游行，引诱人远离真神，成为了魔鬼。

所以信教的人都产生了一个念头，那就是不能成为孤魂野鬼，幽灵的观念也因此深入人心。

在中国文化史上，从商殷时代起，统治者就特别重视拜神信鬼。周朝时期出现天人共体、天人感应的传说，后来逐步形成中国的天神、地仙、人鬼的神仙体系。当时的中国人尚未产生长生不死的神仙观念，但是当时的人已形成人死后会变成鬼这种思想观念。他们认为人死后他们生前的身份会在阴间延续，灵魂依然继续关心影响人世之事。正是由于这些因素，导致那个时期占卜的流行。我们知道的皇帝死后陪葬这一观念就是这么来的。在鬼魂崇拜产生之后，人们的丧葬方式逐步演化成为土葬、火葬、水葬、风葬等各种不同的葬法。鬼魂崇拜与逐步形成起来的血缘观念联系在一起，就发展成为祖先崇拜。后来渐渐形成了祭拜鬼魂、祭拜祖先这一风俗。这是对自然崇拜和动植物崇拜的进一步发展，是自然宗教极为普遍的重要形式之一。

在中国，宗教的发展与鬼魂观念的形成有很重要的联系。中国的道教创始于东汉顺帝年间。开始信徒并不多，直至得到魏太武帝的支持，才兴旺起来。道

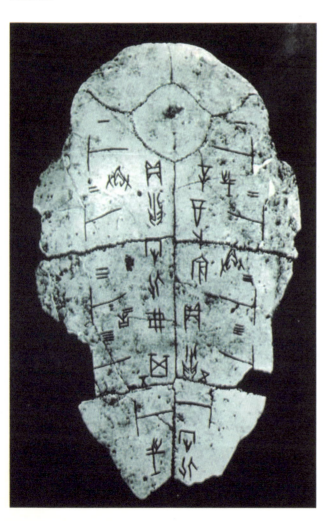

◎ 龟甲占卜文。占卜之所以会流行起来，是因为人们相信人死后会变成鬼

教的鬼神论、成仙论等迎合了当时的帝王，有利于他们的统治和对长生不老的追求，因此获得了支持和提倡。在皇帝的提倡下，唐、宋、元等朝代道教迅速发展起来。由于道教、佛教和其他宗教鬼神的思想逐渐深入人心，甚至变得根深蒂固，广大民众才对报应、从善、积德、修来世等观念普遍信仰起来了。因此，大多数人对鬼魂这一观念越来越迷信了。

随着时间的流逝，宗教人士的宣传使自古以来形成的鬼神传说系统化和具体化。在宗教的基础上，文人也对幽灵进行了许多描述。在西方莎士比亚的戏剧中，有许多描写幽灵出现的场景，并且起到了重要的影响，如哈姆莱特的父亲幽灵现身等。在中国，《封神榜》和《西游记》两部小说里清楚地反映这一现象，使中国神仙、鬼魂、妖精和魔王更加具体化和形象化。通过这些文学描述，幽灵成为了实体，并且能在生活中起到影响，因而幽灵便成为人们心中挥之不去的形象了。

另一方面，对自然现象、身体变化的恐惧也成为人们相信幽灵的理由之一。其直接反应是中国各民族所相信的"鬼"。由于各民族的信仰不同，所以他们认识的"鬼"也不同。许多民族都相信鬼灵存在，他们最初非常畏惧鬼灵，由惧转而膜拜，希望鬼灵不要给自己增加麻烦。

围绕鬼的存在，有很多祭仪。人们对这些神、鬼、灵每年都要举行相应的祭祀。其中，关系人们共同生活的，则全村共同祭祀。

五六千年以来，"鬼神论"在各国依然经久不

◎《封神榜》海报

◎ 活人祭祀的图画

◎ 欧洲史前曾用活人来祭祀，图为欧洲史前人类活人祭祀墓穴

衰，这其中的原因是什么呢？一般来说，知识水平越高，信鬼神的程度相应减少。与此同时，自律、自我抑制极端欲望的能力也随之增大。而文化水平较低的广大民众，自我抑制能力通常比较低，最简单和有效的办法是推行一种向善除恶的信仰。因为对人们来说，自我抑制能力来自两个方面，一方面是个人的修养，另一方面是个人的信仰。所以，统治者需要借助宗教来增加人们的自我抑制能力，让人们听从他们的统治，幽灵观自然也就深入人心。

# 3 幽灵的神力

◎ 传说中的牛头马面

传说幽灵都有神奇的力量，仿佛具有某种特异功能。就像我们在电影电视上看到的那样，他们大都能随时随地出现，很轻易地穿过狭窄的地方，并且还拥有透视的能力。他们不受任何武器威胁，可以任意用意念指挥绳子把敌人绑住，会穿墙，会飞檐走壁……有些人说他们真的见过鬼，有些鬼可能以可怕的方式显现——他们可能显示被杀方式的标记，如吊死鬼、无头鬼等。

在民间，我们也常常可以听到这样的传说。比如回魂夜，过世的亲人会到生前去过的地方再走一次。这时候，有些人就可能听到屋子里有奇怪的声音，据说有人还亲眼见到过灵魂在屋子里飘过。水鬼是投不了胎的，他因水而死，为了了却心中那口怨气或者急于投胎就常常给下水的人玩"鬼抬脚"，也就找替死鬼，自己就能投胎转世。在传说

中幽灵的神力也是有限的，他们也会有自己的克星。

经常看恐怖惊悚电影小说的人都知道，"鬼魂杀人"并不是用刀、用枪，而是通过对人的精神恐吓，在精神上折磨人，用意念对人进行控制，使其不堪惊吓而死。其实只要主人公胆子大得不怕那些没有实质威胁的东西，即使看见"鬼魂"也对其视而不见，"鬼魂"是很难奈何对方的。比如电影《七夜怪谈》，贞子的母亲因拥有特异功能，在进行念写（心灵意念投射在底片上显影）实验，被当时的人们视为异端。为了进行复仇行动，含恨而死的贞子带着母亲与其本身的怨恨，进行复制、散播录影带。

《七夜怪谈》这部电影正好利用了怨灵的认知传统作引子，而为生者带来一种世界末日式的现代讽喻，以借尸还魂的手法批评现代人的自私冷漠，且提醒他们不顾后果的严重性。电影上映大受好评，后来大家都对贞子爬出电

## 回魂夜的传说

在人死后的第七日，俗称头七，这一日也叫回魂夜。关于回魂夜也有种种不同的说法。传说，当晚先人的灵魂会在牛头马面陪同下回到生前居住的地方进行最后的缅怀，而且先人的灵魂还可以像生前一般在家中活动；还有一种说法，这一晚先人的灵魂会带着阴间结识的新朋友回来与亲人团聚，而亲人要事先就为先人准备好招待朋友的酒席。

视机这个画面感到极为恐惧，也成了经典的鬼片恐怖片段。

日本人就一直对灵异的事物特别有兴趣，在日本的幽灵画中，大部分幽灵都没有脚。在一般人印象中的幽灵，都是自由地飘来飘去，如入无人之境。幽灵拥有各种灵力，运用此力量便可杀害其仇人，达到复仇目的。

有时候故事里的鬼，因为生前有未解决的问题，便暂时留在人间试图处理一些未完的事，若能顺利解决问题，鬼才能离开人间。例如，1990年初上映的美国电影《人鬼情未了》，就有这种情结。

我们在电影上看到的惨死的人化成厉鬼来人间报仇，那样的幽灵多是血腥恐怖、甚至有些丑陋的形象，他们拥有超越人的法力，突如其来地杀人，为所欲为，其实那只是电影为了满足视觉效果罢了。在许多书和电影中，我们可以找到许多鬼故事。在这些鬼故事中，有时候鬼是被敌人杀死或死于可怕方式之人的亡灵。鬼留在人间，是因为他想要惊吓或危害他的敌人。其实无论是东方的鬼还是西方的幽灵，他们即使拥有一定程度的法力，但是也有自己害怕的事物。幽灵和鬼绝大部分都习惯在夜里活动，自然怕光喜黑。至于他们对光亮怕到什么程度，各种说法又有不同。清代画鬼名家罗两峰说，夜鬼多，昼鬼少，正午日光最强，则鬼类绝迹，就是说鬼与光天化日是"势不两立"的。

◎ 日本幽灵画之烟台幽灵

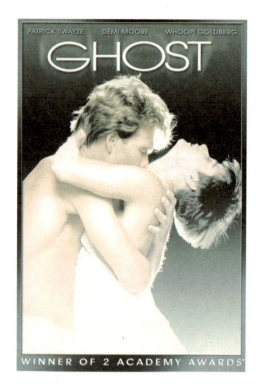

◎《人鬼情未了》电影海报

鬼不仅怕光，也怕人，鬼怕撞见以斩鬼、捉鬼、食鬼等为职业的人，这是毫无疑问的。传说鬼还怕木匠、屠夫、泥瓦匠、恶人、孕妇、邋遢的人。

木匠：木匠是手工业者的代表，在古代是被看做神明的，尤其鲁班是供奉的对象。木匠的墨盒，也就是用来画直线的墨盒，更是鬼所害怕的东西，因为墨盒集中了人类的智慧。

屠夫：因为屠夫经常宰杀牲畜，所以身上有恶气和牲畜的怨气，所以鬼不敢靠近他们。据说，屠户的刀也是辟邪之物。

泥瓦匠：泥瓦匠也是手工业的代表，泥瓦匠的泥抹子也是辟邪之物。

◎ 清代画鬼名家罗两峰以画鬼著称，图为其《鬼趣图》

◎ 被土木工匠尊奉为"祖师"的鲁班

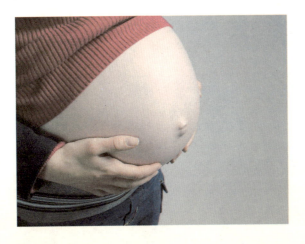

◎ 传说鬼见到孕妇反而会紧张，吓得立刻消失得无影无踪

恶人：鬼怕恶人，历来在古代小说里也经常看到类似的故事，而且还有一个说法，就是怕鬼的时候可以大声地骂脏话，于是鬼自然就不敢现身了。

孕妇：传说中孕妇在人生生世世的回转中扮演了非常重要的角色，因此，鬼根本无法威胁到孕妇。

邋遢的人：为什么鬼会怕邋遢的人等等。可能是因为邋遢的人由于不洗澡不洗脸，聚集了更多世间尘垢，阳气更旺所以连鬼都怕。很少听说街上的流浪汉撞到鬼，可能就是这个说法。除了上述的六类人以外，据说鬼还怕正直的人，怕大智慧的人，怕行

◎ 鸡鸣声起，鬼就慌忙逃避

善积德的人，怕强健的人等等。当然，这些想法大多受到小说或是影视方面的影响，还有社会提倡的行善积德的宣传影响。

除了怕人，鬼还怕动物，鸡鸣声起，鬼就慌忙逃避，这类的故事太多了。除了鸡，还有狗等。

幽灵是否真的具有电影电视中展现的那些神奇的能力呢？科学能证明吗？英国物理学家奥利弗·洛奇爵士的儿子雷蒙在第一次世界大战中阵亡了，他因受不了失去儿子的痛苦，所以一直都在研究死人能否跟活人通话这一问题。洛奇爵士曾多次尝试通灵法术想跨越死亡的界限和爱子交

知识链接

## 日本的怨灵

在日本，"怨灵"是指死于非命的人类魂魄。被超度成佛后，称"御灵"；在人间作祟时，则被称作怨灵。日本的怨灵通常是两类人：一类是历代战争中战死的武将；另一类是受到不公平对待的女子。

源远流长的日本怨灵文化滋生于民间，在日本人的心中，怨灵就像千年病毒一样。实际上，日本传统观念的"怨灵"是一个寄宿在某种物质上，而且在固定范围内行动的怨念。虽然一旦被怨灵缠上了就难以摆脱，但只要不接近怨灵的活动范围内就不会染上毒咒。

在日本，有很多有关现代日本怨灵的电影。影片中的怨灵带给人的不仅仅是视觉上的可怖，而且还带给人压力和一种性命危在旦夕的紧迫感。

流。但是他心中产生了一个新的疑问：怎么才能确定通灵人传递的信息确实是来自已经过世的人呢？洛奇爵士想到了一个好方法，并决定由自己来完成这个试验。他在生前就把死后要通灵人转达的话写在纸上，并用信封封好。这样就可以验证通灵人传递的信息是否准确。在他过世之后，许多通灵人都纷纷尝试来破译洛奇爵士神秘的死后传言，一时之间竟有130场法事先后举行，但是没有一场真正招来了爵士的亡魂……

在古代的中国，人们相信"鬼"其实是一种气体，在进入一间屋子时会如气体一样，先贴着墙传播，然后慢慢地充满整个房间。这也是有人说的所谓"鬼贴墙走"的起源。也有人相信，人和鬼在不同的空间里存在，当空间重叠的时候，就会看到对方。

有的人认为，鬼附身的现象并不是鬼的法力，其实只是人体磁场的存在。人体有复杂的神经网络，神经网络会产生电流脉冲。有电流就自然有电磁场，电磁场会随着人体的思维方式、兴奋程度等的改变而改变，但是它的改变是在一定的范围内。当某些人的磁场与其他的磁场接近或相同就会发生叠加、合并或是共振现象。这时的人自己就无法控制自己的思维和行为，由于对这种突发情况的害怕，人就觉得肯定是鬼附身。还有一种说法是磁振荡频率的接近。人体有磁场，那么人体就有磁振荡。当磁振荡的频率与其他的振荡频率一致或接近就会发生共振等物理反应。当振荡频率超出人所能够承受的范围时，他的思想行

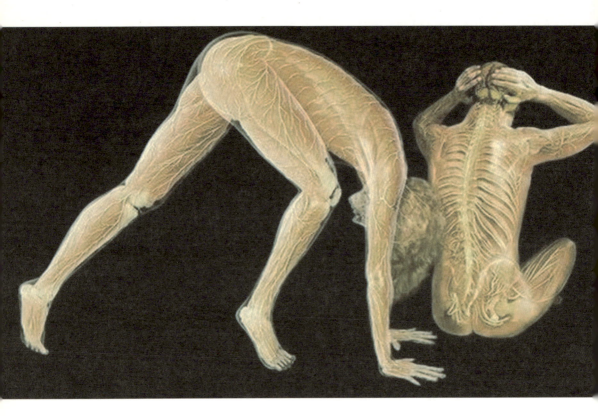

◎ 人体图。有人认为人之所以会被鬼附身，是因为人体磁振荡的频率与其他的频率一致或接近造成的

为就不受自己控制，也就是传说中的鬼附身。

　　18 世纪中叶，法国昂热市一座 102 米长的大桥上有一队士兵经过。当他们在指挥官的口令下迈着整齐的步伐过桥时，桥梁突然断裂，造成 226 名官兵和行人丧生。有人认为是打扰了幽灵，幽灵作怪，人们对此纷纷揣测。后来，经科学家检查发现是共振造成的。因为大队士兵迈正步走的频率正好与大桥的固有频率一致，使桥的振动加强，当它的振幅达到最大以至超过桥梁的抗压力时，桥就断了。类似的事件还发生在俄国和美国等地。鉴于成队士兵正步走过桥时容易造成桥的共振，所以后来各国都规定大队人马过桥，要便步通过。

◎ 寺院里的钟

在我国的史籍中也有不少类似的记载。唐朝开元年间，洛阳有一个和尚，他的房间内挂着一副磬，常敲磬解烦。有一天，和尚没有敲磬，磬却自动响起来了，把他吓了一跳，认为是鬼作怪，终于惊扰成疾。他的一位好朋友曹绍夔是宫廷的乐令，不但能弹一手好琵琶，而且精通音律，听说和尚病了，特意前来探望他。经过一番观察，他发现每当寺

◎ 这个鬼屋里经常发出奇怪的声音

院里的钟响起来时，和尚房里的磬也跟着响了。于是曹绍夔拿出刀来把磬磨去几处，从此以后磬就不再自鸣了。他告诉和尚，这磬的音律和钟的音律一致，敲钟时由于共振，磬也就响了。将磬磨去几处就是改变它的音律，这样就不会引起共鸣。和尚恍然大悟，病也随之痊愈了。

科学家为各种奇怪的事情提供了合理的解释，还有很多的关于幽灵或鬼的传说需要进一步用科学解释。

知识链接

## 幽灵鬼脸

在西班牙，有一座著名的"鬼屋"。几十年来，这个鬼屋不仅让那个偏远的山村居民困惑不解，也让成千上万的科学家和幽灵怀疑者颇感兴趣，纷纷到那里试图目击"贝尔米兹鬼脸"这一怪异现象。1971年的一个早晨，玛丽亚·戈梅兹·加马拉走进自己的厨房，突然发现混凝土地板上出现了一张脸，紧紧地盯着她。老太太吓得够呛，她立即叫她的儿子米加尔用镐头把那块地板挖掉。米加尔用镐头把混凝土地板刨掉，然后用新的混凝土重新把地板修好，整个地板看起来像是新的。就在第二天早晨，那张脸又出现了，而且就在同一个地方！不久，更奇怪的事发生了，几个星期、几个月、几年来，在那个第5号房间里，一群一群的面孔在那里出现、移动。一些科学家也对这种现象感到不解。调查特异现象的人员来到那个房子，更换了地板，并把那间房子封闭了3个月。当这些调查人员重新回到那个房子时，那些"鬼脸"又出现了。调查人员还在那个房子里进行了录音，结果录到了奇怪谈话的声音。从那以后，这座房子就全世界闻名了。

# 4 东方"幽灵"观

　　中国传统文化中，"幽灵"即传说中的鬼，鬼文化其实是源自人们最初对死亡现象的不安，产生各种幻想。鬼文化其实来自中国民俗文化，反映了过去人们的生活，展现出古代人的文化风貌。

　　中国传统文化中认为鬼都是人死后所变，由于受到佛教、道教的影响，老百姓认为死者必须入土为安，才能转世轮回。那些没有入土，没有投胎的死者就会变成飘零的孤魂野鬼，成为飘浮在黑夜中的幽灵。在著名电影《倩女幽魂》中，美女小倩便是含冤的幽灵，由于骨灰坛被妖怪控制而不能进入转世轮回，只能成为孤魂野鬼飘荡无依。在传统文化中，这些幽灵已经超越人类存在，并且拥有灵异能力。展现在传说故事中的他们会飞来飞去，根据修炼功力的深厚强度的不同，而拥有各种相应的法力，这种法力甚至能残害人类。这种想法其实在心理层面体现了人们对亡者的畏惧。当然，人们对于家人死后所归属的鬼魂，或者是民族英雄、国家将士等其实也充满了尊敬的。这些人由于生前受人们爱戴，所以当他们死

◎《倩女幽魂》电影海报

包拯

天性清最断平霍神
關断不判閻罗君

◎ 包公像。在民间故事中，包公死后成为五殿阎君

后所变成的鬼，按照老百姓最古朴的想法，应该是好鬼，善鬼，是为人们造福的鬼，会继续受到人们的尊敬和爱戴。比如民间故事中包公死后成为五殿阎君等，钟馗会专捉恶鬼，黑无常弃恶从善成为了拘魂使者，受到人们香火供奉，这都反应了当时人们朴素的认知。

中国传统文化中的幽灵并不是无形的，相反，无论是文化上，还是精神上幽灵与人类生活并没有什么太大的不同。受到家族宗法制以及道教的影响，老百姓产生了一种认知，即人死了就会成为鬼，但是只要通过修炼就可以由鬼变成神或者仙，因而在中国传统的鬼文化中"鬼"便出现了鬼、神、仙混杂不分的特点。这些鬼、神、仙都具有人类的七情六欲，他们也有身体、生活、婚嫁，甚至交际环境，社会阶层等。

当佛教传入影响中国文化时，幽灵便拥有了自己的生

知识链接

## 中国的鬼节

相传为了让那些终年禁锢在地狱受苦受难的冤魂厉鬼走出地狱，享受人间血食，阎王下令每年从七月一日起就打开地狱之门，让他们获得短期的游荡。因此，七月又被人们称为鬼月，认为是不吉利的月份。至于鬼节则是阴历七月十五日，这一日又称中元节、七月半、盂兰节等。这天是鬼门关大开的日子，鬼魂可以在阳间逗留一整天。过去人们在这天晚上除了祭拜自己的祖先外，还准备一些祭品祭祀鬼神。这天，不管是放河灯、捧雏菊寄哀思，还是烧纸钱送祝福，这都是人们感情的延伸，是最基本的信仰。

◎ 传说中的地狱

活场所——中国式的地狱观念。幽灵都具有人的特点，在地狱生活，那里有十八层，其惩罚和制裁和人间大同小异。地狱的制度构建与中国官吏体制相结合，因而可以说这些幽灵在地狱过着的是与人间差不多的生活。只是统治阶级为了控制人们的思想，便对他们说，如果做了坏事，便会坠入十八层地狱受到折磨和惩罚；做了好事，

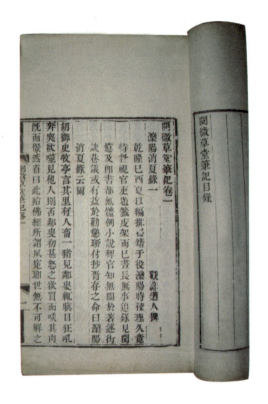

◎ 纪昀的《阅微草堂笔记》书影

便能投胎做人，今生受了苦难来生便会得到回报。这种思想有效地钳制了下层老百姓的思想，调和了统治阶级与被统治阶级的内部矛盾，起到了维护封建统治的作用。

伴随鬼文化而来的是各种丧葬、祭祀等鬼事活动，这些活动出现了许多相关的墓志铭、祭文、吊文等文体。中国鬼神小说是非常丰富的，许多文人学士以民间鬼故事为基础创作了大量鬼神志怪作品，从干宝的《搜神记》，到蒲松龄的《聊斋志异》，以及《灵鬼志》、《幽冥灵》、《封神演义》等。这些小说都构建在中国鬼神文化的背景上，取材民间传说故事，表现出一个丰富的鬼神世界。

这个鬼神世界也是按照中国封建社会结构组成，它受到了现实世界认可，并且鬼、神、仙都与现实生活有往来。人们在现实生活中所不能完成的善恶奖惩便在鬼神世界完成。作者将自己对现实世界的看法都隐于鬼神故事，并对社会现实进行真实地描绘和反映。如蒲松龄的《聊斋志异》，作者在其作品上借鬼事言人事，以辛辣犀利的描写，尽情地对世态炎凉、人间善恶给以淋漓尽致的揭露，揭露了当时社会腐朽。纪昀《阅微草堂笔记》

© 蒲松龄雕像

◎ 云岗石窟

里的谈狐说鬼、劝善惩恶之笔，深刻地反映出了明清之际尖锐的社会矛盾，对当时统治阶层的种种罪恶和社会生活中的丑行恶习，在客观的记叙中给予了尖锐的讽刺和揭露。

从艺术方面讲，中国的美术、雕塑受到了鬼文化的广泛影响。许多反映鬼文化的图画都带给人们以夸张的艺术想象，展现出当时人们的生活以及思想，留下了可贵的历史财富。如《钟馗捉鬼图》、《张天师骑虎镇邪》，民间年画中广为流行的《镇宅门神图》等。在敦煌莫高窟、云岗石窟、龙门石窟有关鬼文化的雕塑更是不胜枚举。从上古开始的巫祝祭祀鬼神的仪式活动，就少不了音乐的伴随，这些音乐、舞蹈直接是当时鬼文化的反应。

知识链接

◎ 日本幽灵画之盲人幽灵

## 日本怨灵恐惧的传统

在日本社会，人们不敢随便说已故之人的坏话，除了单纯抱持着敬畏心态之外，这样的想法大概源自于日本固有的"怨灵恐惧"传统。日本有许多庙宇，是专门为恨死的人修建的。在日本人的观念中，如果不很好地安慰恨死者的怨灵，他们的灵魂就会给予活人的社会种种报复。这种在日本历史源远流长的"怨灵恐惧"，渗透在日本文化的很多层次中。

# 第二章

# 追查幽灵

　　幽灵真的存在于生活中吗？人真的有灵魂吗？幽灵的法力从哪里来？人们的好奇心是永无止境的，他们想方设法去解答这些疑问，运用各种科技的力量，他们能得出正确答案吗？

# 1 从照片中追捕

幽灵是令无数科学家感兴趣的话题，许多科学家都投入到幽灵研究中。在研究幽灵时，他们提出了"霍斯摩尔热"效应，什么是"霍斯摩尔热"效应呢？

在这世界上发生了那么多离奇古怪的事

◎ 在人们碰见幽灵的过程中，其中极其普遍的是用相机拍到幽灵，所以在网上能看到许多灵异照片

件，很多人都说曾见到过幽灵，但却很少有人用肉眼看到。科学家把这类现象称为"霍斯摩尔热"效应。国外早已有相对成熟的研究机构对此超自然现象进行研究。研究发现，在所谓的灵异事件发生时周围都有明显的电磁波异常，这种我们一般人看不到的，俗称幽灵的东西确实能影响我们的生活。在人们碰见"幽灵"的过程中，其中极其普遍的是用相机拍到幽灵，这就是我们为什么会在网上看到那么多灵异照片了。可是，如果说谁亲眼见到过幽灵，人们肯定不会相信他。

在一部泰国电影《鬼影》中，讲述了一个关于照片中见到鬼影的故事。主人公泰国摄影师 Tun 与女友 Jane 在喝酒后驾车归家途中不慎把一名女子撞倒，车子失控继而撞上路旁的告示牌。不省人事的女子躺在路中心，但此时后面已有车辆驶至，两人没有下车探视伤者，反而选择赶紧驾车逃离现场。可是意

知识链接

## 阴阳眼

阴阳眼是灵异学术语，指是民俗信仰中的一种通灵的特异功能。据说，阴阳眼能通过"天眼"看到鬼魂等其他人看不见的超自然现象存在。民俗信仰中，阴阳眼可以是因好奇而后天"施法"而"开"的，也可以是先天带来的。后天"施法"而"开"，即人们所说的开天眼。

阴阳眼的功效也分为抓鬼、通灵、长生不老等很多种。例如二郎神杨戬的第三只眼就是一种阴阳眼，它可以射妖魔、照天地。

虽然阴阳眼这项能力从未通过科学检验，但仍有不少人相信它是存在的。有人认为，阴阳眼源于眼球疾病邦纳症候群；也有人认为，阴阳眼来自精神分裂症或其他精神疾病造成的妄想、幻觉。

◎ 电影《鬼影》海报

外发生后，离奇怪事就接踵而来。Tun 发现他拍摄的照片中出现一些灵异的光芒及影像，开始时他以为只是拍摄失误，后来仔细查证后，意识到照片中的神秘影像与被他们撞倒的女子容貌相似。与此同时，Tun 不但做恶梦，身体也莫名其妙地开始疼痛。当时这部电影上映时吓到了无数的观众，这种不同于西方的如影随行的鬼魂使人不寒而栗。但是影视毕竟是影视，在现实生活中是否真的有人拍到过鬼魂呢？答案是否定的。

每年4月，在英国爱丁堡都会举办爱丁堡国际科学节，组织者发起了一项与"捉鬼"有关的活动，向网友征集拍到鬼怪幽灵的照片。英国科学家们邀请公众们将自己曾看到过的记录鬼怪灵魂的照片发送过来，便于他们进行深入分析研究。目前，数百张鬼怪照片已发送到网站上，这项研究将作为英国爱丁堡艺术科学节的一个重要部分。

科学家们将检测发送到网站上的鬼

怪照片是否存在着漏洞，并寻求对这一神秘现象的正确解释。鬼怪揭穿真相者——英国心理学家理查德·怀斯曼教授负责这项研究实验。他说："我们可能经常看到照片中有一张古怪的面孔处于半黑暗的角落，这可能是一些特殊光线成像的把戏。在一些照片中，人们的大脑思维会将一些图像联想成鬼怪灵魂的模样，比如：形状怪异的云层就让人们产生了诸多想象。我对这些出现鬼怪图像的照片非常置疑，但同时对于这些照片却很难提出准确的解释，可能正是因为这一点才深深地吸引着人们。"

在科学家们收到的照片中，一张最怪异的照片是一个小女孩的面孔出现在一群女孩合影时的大腿之间。照片拍摄地点是一间房子，图像中神秘女孩看上去有3、4岁。怀斯曼说："我相信这张照片并不是非常奇特的光线轮廓形成的，可能需要进行深入分析才能揭示其中的谜团。"还有一张鬼怪照片拍摄的是22年前的一座城堡，照片中呈现出一个透明的无头灵魂，他穿着陆军衣服，站在两个在火炮旁玩耍的儿童前面。怀斯曼说："拍摄这张照片的人意图在于呈现无头鬼怪在城堡附近活动，或许这个无头军人非常生气儿童在火炮前玩耍。这张照片很可能是两次曝光形成的。"

其中最逼真的一张就摄于坦特伦古堡。在照片中，有个若隐若现的老妇人从古堡窗棱中探头向外看。她的表情诡异，穿着像古代欧洲妇女，从古堡灰暗的背景中，几乎看不出她身体的轮廓。这幽灵妇人引发了大家对幽灵是否真正存在的极大好奇。

于是这场灵异照片大赛中的图片便在整个网络疯

狂流传，点击率居高不下，在全世界赚足了眼球。由于对照片的真假问题存在疑问，怀斯曼找了几个专家，从投稿照片中选出来的都是没有经过电脑软件处理过的，都是真的照片。因此人们看不到那种特别夸张的鬼怪出没的画面。后来，怀斯曼教授把征集到的 500 张网友发来的照片上传到网上，让人们对它们的真实性进行选择。这些照片中鬼怪的样子千差万别，有的是无人驾驶的汽车反光镜中看到虚幻的人脸，有的是照片中出现白色雾气形状的人，甚至还有藏在少女头发中的恶鬼面孔。最后，一共有 25 万网友投票，其中 39% 的人都认为古堡幽灵是其中最逼真的。

◎ 在坦特伦古堡拍摄的照片中，有个若隐若现的老妇人从古堡窗棂中探头向外看

古堡幽灵这张照片的拍摄者名叫克里斯多夫。他说他当时拍照的时候镜头里没有任何东西，回家看数码相机时才发现窗户那儿有人。他把这张照片保存在存储卡里，后来去古堡的工作人员那儿询问，他们说当天并没有穿古装的表演秀。他们也没有见过一个这样打扮的老妇人走上楼梯。一个朋友说，古堡当年是詹姆斯五世国王住的，这个人的样子就像他的画像。不过，克里斯多夫并没有对图片做任何的电脑处理。

怀斯曼教授不相信鬼魂的存在，他坦言他可以轻易地判断

◎ 詹姆斯五世像。据说，发现幽灵的古堡原来是詹姆斯五世住的

出大部分图片中的鬼都是毫不可信的，可以给它们很简单地解释。比如那些奇怪的光线、雾气或者球体，实际上就来自相机闪光反射光线，或者空气中灰尘微粒折射的光线，有的甚至是镜头前的人的呼气；而曝光时间过长是大部分鬼照的来源。但令他惊奇的是，几乎所有人都对鬼魂充满了巨大的兴趣，即便照片里的闪光明显来自一个表面光滑的球体，都有十分之一的人认为那是鬼魂。

虽然怀斯曼教授不相信鬼魂的存在，但是他还是很难判断和古堡有关的那张照片。为了弄清楚究竟是怎么回事，怀斯曼教授又约拍摄者和另外两位心理学家并且同时是摄影专家的朋友再次前往古堡一探究竟。

位于苏格兰海滨的坦特伦城堡，是当地知名的旅游景点。随着时光流逝，昔日的王室城堡现在只剩断壁残垣。人们发现，大部分游客去古堡都会在"古

◎ 位于苏格兰海滨的坦特伦城堡

堡怪妇"所在的位置拍照,有趣的是就连姿势都大同小异——站在窗口向外观望。

他们4个人反复寻找后确认了当时老妇人出现的位置。当天下午的光线角度也正好和拍摄者拍摄的时候一样。怀斯曼穿着黑色的夹克衫,站在老妇曾经"出现"过的地方,拍摄者在古堡下面不停地拍,但是之前出现的妇人始终没有出现在照片里。他们最初怀疑那张脸或许是其他地方的人像反射在石头墙上的影子,后来证明不可能。因为窗口的后面是一个旋转向上的楼梯,那儿不可能有大量的阳光投射进去,也没有人工光源。可能的解释是当时碰巧有个游客路过,拍摄者没看到里面有人。古堡的墙壁将射进窗口的光线折射一下,所以产生了扭曲的现象……怀斯曼在网站上列出了照片所有可能的成因,他还开玩笑说他自己站在那儿的模样比老妇人可怕多了! 有网友搜索到一张女游客贴在个人相册中的古堡留影。从图片中可以看出怀斯曼的解释十分恰当:古堡的窗口背后的墙壁残缺不全,阳光投射进去,经过楼梯的反射,任何一个恰巧经过的游客都有可能变成"鬼影"。

在英国一场婚礼上,一位年仅12岁的名叫乔丹·马丁的男孩作为婚礼的宾客,在婚礼当天用数码相机拍摄了一组婚礼相片。几天之后,当马丁在电脑上查看这些相片时,却惊奇地发现一张令人感到恐慌的相片,相片中新郎新娘在相拥跳舞,但是在相片的最右侧又清晰可见

一名妇女的头同身体脱离，在距离地面数英寸处悬浮着。据乔丹说，几天之后当他在电脑上看到这张相片时，简直不敢相信自己的眼睛，真的太奇怪了，看起来就像个幽灵。人们对照片进行研究，也没有发现出现诡异图像的原因。

知识链接

## 伦敦塔里的"鬼影"

◎ 伦敦塔

伦敦塔是一座防卫森严的堡垒和宫殿，它在英国王宫中的意义非常重大。这样一座城堡却弥漫着浓重的血腥气，一直有传闻说这里鬼魂出没，有人还说曾亲眼目睹过在此游荡的鬼魂。早在伦敦塔建立之初就有数不清的人丧命于城堡内，此后不少王子、皇后也丧命于此。

1536年5月19日，亨利八世的第二位妻子安妮·博林王后被控犯有叛国罪、通奸罪在塔内被处死。安妮·博林王后是伦敦塔内第一个显赫的受难者，也是塔内最有名的鬼魂。她死后不久，就有人声称在塔内看到了她的鬼魂。塔内另一个有名的鬼魂是马格利特女伯爵，她于1541年5月28日被亨利八世以叛国罪处死。每年马格利特女伯爵的忌日，塔内的看守都说听到了女伯爵垂死时痛苦的呻吟声。

有不少来伦敦塔餐馆的游客声称，他们体验过塔内的鬼魅。在城堡的某些通道里，常常会看到若隐若现、白花花的影子，而且还能听到呓语般的声音，能感受到感到莫名其妙的阴风……

# 2 科学捉鬼

在东方，关于捉鬼的传说自古流传。在古代就有家喻户晓的钟馗捉鬼的传说。唐代中南进士钟馗入京赴考，皇上因其相貌陋丑而未让他入榜，他愤而自杀。接着天帝封其为斩妖除魔圣君，钟馗还阳后就开始了捉鬼的事业，在收伏五鬼后，被天帝封为鬼王。

由于钟馗在民间四处为百姓除妖，他的名气越来越大。他曾两面受敌屡遇险境，但毕竟邪不能胜正，钟馗最终消灭了三魔及二妖，完成天降之大任，成为名垂青史的斩鬼天神。

与东方不同的是，在西方，捉幽灵一直与科学纠结在一起。

汉斯·赫尔泽是现代的捉幽灵狂人，他以美国首席捉幽灵者自居。他是一个相信"幽灵"存在的"捉幽灵者"，尽管他以首席捉幽灵者自居，但是他还是喜欢人们称他为博士或"教授"，如果能把他看作是科学家则最好不过。他在四岁时便在婴儿室里给一群惊恐万分的娃娃们讲幽灵故事了。现在他已经成了一位著名的捉幽灵大师，而且善于用现代的科技发明当作"捉幽灵"的工具。2009 年 4 月 26 日，89 岁的汉斯·赫尔泽走进了"另一边"。

◎ 钟馗像

◎ 五子闹钟馗

◎ 关于撒旦的壁画

汉斯·赫尔泽发明了一个有趣的词汇——"另一边"，也就是我们说的阴间。汉斯·赫尔泽一生写了100多本有关幽灵的书，除此之外他还写了一些关于巫师和术士、不明飞行物和外星人、精神疗法和催眠术内容的书。

捉幽灵者相信幽灵也分好坏，恶灵需要驱魔者来动手。在西方，最早的驱魔仪式出现在圣经中，使用驱魔仪式最著名的

机构要数罗马天主教会。科尼利厄斯教皇说，驱魔人执行一系列称为"罗马仪式"的宗教仪式，把撒旦或者恶灵从着魔的人、地方和物体身上驱逐。

随着科技日新月异的发展，时至今日，猎幽灵已经成了一项需要仰赖各种高科技设备的嗜好。爱好此活动的人们在这些设备上耗费的金钱惊人。现在捉幽灵者几乎遍布全世界，调查超自然现象已经成为全球的热点。对于电影《魔鬼克星》，有许多人都很熟悉。这是好莱坞制作的一部关于捉鬼的喜剧影片，它于1984年上映，轰动一时。但是，对于某些人而言，现实的捉鬼并不像电影中那样轻松。

现代社会中的幽灵猎人是什么样子？他们是否会对幽灵穷追猛打，直至将幽灵征服？他们是否也手握着枪，并且开着定制的救护车？当他们经过一天的劳碌并回到家中时，身上是否

## 知识链接

# 测"鬼"仪器

本生产了一种叫 GhostRadar 的仪器，看上去和优盘一样。该仪器不仅带有 512MB 存储空间，而且还支持 USB2.0 规格。有人肯定会说，这不是优盘是什么？

其实不然，这是一个"鬼魂探测器"，是专门用来探测鬼的鬼魂雷达。除了"捉鬼者"可以用之外，该仪器还可以供人们居家使用。据说，一旦该仪器探测到鬼怪出现，就会发出闪烁的灯光来通知使用者。有人承认，自己真的在夜深人静的时候用了此仪器。不过使用者说，自己之所以使用只是为了心安。

◎ 舞台魔术师。超常现象科学调查委员会的
高级研究人员乔·尼凯尔曾经是舞台魔术师

也沾满了绿色的粘稠物质？其实接触一些真实的幽灵猎人，并且了解他们的
工作内容，就会知道他们其实并不是想象中那么奇怪。

兰迪·利贝克对超自然现象一直十分着迷，他的本职是执法职业，这个
工作并没有让他有过多的机会接触到幽灵，所以在工作之余，他经常去调查
各种报道的闹鬼事件。此外，他还担任多个电视节目的顾问，并一直向 Fate
和 Unknown 杂志投稿。

为了调查幽灵相关的事件，利贝克已经走遍了美国，他使用日益革新的
全套技术工具，力图找到幽灵真实存在的证据。

乔·尼凯尔是超常现象科学调查委员会 (CSICOP) 的一位高级研究人
员。这是一个非营利性的组织，它采用科学方法来研究人们声称的超常或

超自然现象。尼凯尔调查了大量闹鬼的房子及其他超常现象。他曾做过侦探、舞台魔术师以及记者，现在又成为了一位全职带薪的超常现象调查员。

　　自从人类学会用语言交流以来，幽灵的故事大概就已经产生了。美国很多学者认为，《吉尔伽美什史诗》是最古老的书面故事，其中有很多地方都提到了死者的灵魂。这是关于幽灵的最基本的定义——一个人在物质身体死亡后继续以某种形式存在的灵魂。大多数宗教都有关于来世的描述，这些灵魂将根据它们今世的所作所为得到相应的奖惩。许多鬼故事要么描述幽灵离开来世重现人间，要么讲述它们一开始就没有到达来世，而是与现实世界中的人们一起生活。

　　为什么幽灵这样难以到达来世或留在来世呢？相信鬼魂说的人通常认为，这是由死者生前的没有完成的心愿引起的。有时，因为暴力或创伤而突然死亡则是闹鬼的另一个原因。有时，人们好像对某个地方产生了一种强烈的情结，以致他的灵魂要在其死后继续回到那里。

　　然而，有些闹鬼事件似乎并不仅限于某个灵魂有意识地四处游荡，它们更像是一部旧电影，其中重放着过去的某个事件，比如战争或谋杀。迄今已出现过很

◎《吉尔伽美什史诗》的片段

◎ 幽灵照片

多这样的报道，比如幽灵似的罗马军团正在出发去参加一场年代久远的战争，或者鬼魂一样的士兵正在盖茨堡战役中厮杀等。

一些人推测，吵闹鬼（在德国叫做"敲打幽灵"）是愤怒者或失败者释放的心灵遥感能量在作祟。处于青春期的青少年经常被报道像吵闹鬼那样敲打和来回搬运东西。

有一种幽灵被归类为恶魔。信奉宗教的人认为，一些闹鬼事件是由恶魔或撒旦本人造成的。有时，这些恶魔甚至会"附在"活人体内。信徒们认为赶走这些幽灵的最佳方法是进行驱邪，这是一种旨在将恶魔驱逐出人体的特殊宗教仪式。

那些带有超常色彩的莫名其妙的事件，都是可以进行调查的，很多时候甚至还能确定它们的起因。调查员经常发现，室内的冷风实际是由窗户密封效果不好引起的；黑屋内出现的奇怪的移动光线则是反射的汽车前灯等。"鬼"往往就是这样被"捉住"的。因此，这些幽灵克星更希望别人称之为"超常现象调查员"，甚至是"幽灵猎人"。

研究者是如何寻找自己的案例的呢？兰迪·利贝克的案例主要来自各个超常现象研究机构；乔·尼凯尔则要看案例是否有名或它是否具有任何不寻常或有趣的特点，然后再选

择要调查的闹鬼事件。此外，包括利贝克和尼凯尔在内的很多调查员都接受电视台或新闻记者的邀请来进行某些调查。

在收到有关闹鬼的报告后，超常现象调查员首先会研究现场。此工作通常要根据报告列出闹鬼现场所出现过的各种现象，从而需要对闹鬼事件的背景故事展开历史调查。了解目前报道的现象非常重要，因为这有助于确定要携带哪些设备。利贝克认为，如果报告中只包含听觉或多种主观感觉，则没有必要在该房子内架设 15 个摄影机。研究历史也非常重要，因为通常与闹鬼现场有关的口头传说可能会产生误导，进而导致调查员走进死胡同。

到达调查现场后，第一步就是与现象的所有目击者交谈，以了解他们所经历的具体情况。就同一闹鬼事件而言，由目击者提供的具体细节通常会与鬼故事中的情况有很大出入。

乔·尼凯尔自己编制了一个幽灵调查问卷，这个问卷需要在调查开始时分发给目击者，以便对他们的经历进行量化。问卷中涉及各种细节，比如目击者遇到同一闹鬼事件的次数，这些事件都发生在一天中的什么时间。问卷

知识链接

## 吉尔伽美什史诗

《吉尔伽美什史诗》是美索不达米亚的文学作品。该史诗围绕乌鲁克国王吉尔伽美什和他的半人半兽朋友恩奇都之间的友谊故事展开。在出现以来的 2000 年中，《吉尔伽美什史诗》有很多版本。公元前 2150 年～前 2000 年，以楔形文字写成的《吉尔伽美什史诗》是其最早的来源。公元前 2000 年早期，出现了最早的阿卡德版本。公元前 1300 年～前 1000 年，出现了标准阿卡德版本。19 世纪中叶，这部史诗被发掘出来。史诗共计 11 块泥板，约 3600 行，史诗内容又为第 12 块泥板补全。后来，12 块泥板的版本成为历史研究的标准版。20 世纪初，楔形文字得到破译。

◎ 楼梯旁的幽灵

还使用了一系列心理调查问题，这有助于尼凯尔了解目击者的"幻想系数"。

1972年，乔·尼凯尔第一次对一所闹鬼的房子进行了调查。这所旧宅名为麦肯齐之家，位于美国安大略省。据其看门人介绍，晚间的楼梯上会发出重重的脚步声，接着响起神秘的钢琴音乐。一天夜里，他的妻子躺在床上时还看到了幽灵。最后，在拍摄的照片上，钢琴的前端还有一些莫名其妙的白色污迹。

在与那里的所有员工进行交谈后，尼凯尔发现，有一位导游也说他在那天听到了脚步声。当尼凯尔检查楼梯时，他注意到楼梯是沿着外墙铺设的，再向外则是共用该墙壁的另一栋旧建筑。尼凯尔迅速走访了该建筑的看门人，最终了解到，在该墙壁的另一侧也有一个楼梯，且该楼梯与麦肯齐之家的楼梯平行而建。该建筑的深夜清洁队解释了晚上的脚步声。隔壁看门人的妻子弹奏钢琴又解释了"神秘的"钢琴音乐。但照片又该做何解释？幽灵又是从哪里来的呢？

一位专业摄影师对该照片进行了分析，结果发现照相者在拍照时使用了耀眼的闪光灯。钢琴上摆放着一份乐谱，这张白纸将闪光灯的光线反射到钢琴前部，从而形成了那些模糊不清的东西。

在床上看到幽灵实际上是一种常见的经历。这种现象称为梦游或迷睡，当事人在醒来后可能会发现自己已经全身麻痹了。梦游中的人还经常会觉察到有一个或多个身影在旁边

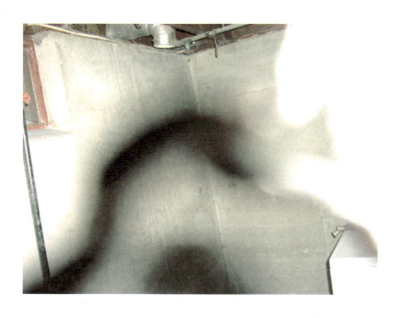

◎ 在麦肯齐之家拍摄的照片

走来走去。目前，造成这种恍惚的心理和生理原因尚不清楚，但许多学科都把它们纳入了研究范围。最后尼凯尔得出结论，认为这所房子实际上并没有闹鬼。

在调查过程中，幽灵猎人会随身携带各式各样的工具。兰迪·利贝克的工具箱中包括：带红外夜视功能的模拟和数字摄影机、为中央控制中心提供数据的手持式和固定式摄像录像机、35毫米胶片静物照相机和数码相机、模拟和数字录音机、扩音式或碟型监视麦克风、大气环境监视器、运动监测器、盖格计数器、测震仪以及热成像照相机。

捉鬼行动中最常用的一种设备是电磁场（EMF）监测器，有时也称为 TriField 测量仪。这种设备能够检测电磁、电流和无线电微波能量级别的波动。一些调查员推测，这些能量场中的模拟读数将是幽灵存在的征兆。

因此，尼凯尔并不花费过多的时间来尝试拍到幽灵的照片或录下可怕的声音。他随身携带的只有用于拍摄证据的照相机、他编制的问卷、一个笔记本以及一个采访用的磁带录音机。此外，他还将一个法庭证据采集包留在身边，以便在幽灵露出某些物理踪迹时使用。尼凯尔曾经调查过一所位于美国肯塔基州的农舍，人们认为该农舍有一扇在下雨时滴血的门。他收集了该门上的一些物质并加以分析，结果表明那是雨水从屋顶冲下来的铁锈及其他物质。

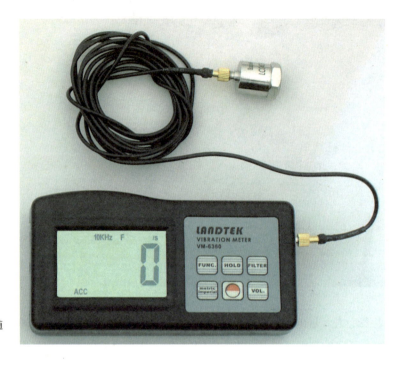

◎ 测震仪也是幽灵猎人会随身携带的工具之一

　　如果证据有待进一步澄清，尼凯尔会找来科学家或专业设备进行深入分析。美国亚特兰大曾出现过一间"血屋"，目击者声称有血液会从地板中渗出来。对此，尼凯尔并未亲自前往，而是索取了一些现场的照片，照片显示了地板和墙壁上布满血液的场景。尼凯尔咨询了一位血溅图案领域的法医专家，这位专家在看过照片后确定，墙上的血液是喷上去的，所用工具可能是一个注射器。

　　目前，世界各地涌现出了很多幽灵猎人俱乐部和协会。对于这些幽灵猎人，政府没有制定相应的规章制度，行业也没有一个相应的组织来监督他们的活动。参加这些组织的几乎都是业余爱好者，并且其中很少有人采用科学的方法。利贝克指出："许多此类组织非常认真，他们正在一丝不苟地为这个领域做着贡献。"然而，大部分人并没有进行真正的研究，也没有客观地对证据进行评估，他们显然已经认定了"真相"，从事这个领域只不过是为了巩固他们的信仰体系。只是在电视机前摇晃两下磁力计就宣布"幽灵在此"，或在拍到一束闪光灯照亮的灰尘微粒就声称"这些发光体正对我们的骚扰感到烦乱"，这些都不是真正的调查。

利贝克指出，很多幽灵猎人正在采用一种退步的做法。他们在调查时始终秉承着一种教条观念，即幽灵是存在的。在调查过程中，他们将发现的几乎所有事物都解释为幽灵真实存在的证据。电磁读数、未热透区域和相片异常都成了异常的可怕现象，这些幽灵猎人从来不去认真地想一想是否还有更多可能的解释。事实上，在调查尚未开始之前，他们已经得到了所需的答案。

◎ 像这样随便拍一张照片就宣布"幽灵在此"，这不是真正的调查

# 必不可少的捉灵设备

除了高品质的录音设备以外，以下三种设备也是必不可少的：

第一、能够侦测静电的 EMF 侦测器，因为据说静电是造成幽灵显灵的原因。

第二、能够用来侦测特定地点之温度变化的数位温度计。因为在幽灵开始活动之前，通常都会发生难以解释的温度骤降现象，因此拥有一把精准的温度计是十分重要的。

第三、辐射侦测器和热感应相机等高价设备。

　　另一方面，科学方法并没有为超常现象提供预定的解释。对于找到的每个幽灵案例，像乔·尼凯尔一样的幽灵猎人并不企图得出有鬼的结论，也不抱着拆穿鬼把戏的心态。超常现象调查员应对证据本身进行检查，并试着找出这些证据所说明的事实。在乔·尼凯尔的案例中，还没有一个案例得出了幽灵存在的结论。

　　对于那些自我要求比较高的捉幽灵者，他们通常都必备先进的捉幽灵武器。其中最重要的要数高品质的录音设备（如录音机、录音笔）了。知名的幽灵猎人彼得·格林伍德曾说过，某次猎幽灵行动来了一批车上塞满各式高科技设备的捉幽灵者，最后成功取得证据的人却只带了一台录音机。由此可见录音设备是捉幽灵者必要装备之一。录音设备的品质越高，日后针对所录下的任何证据进行进一步分析的可能性就越高。

# 3 寻找证据

虽然捉幽灵的人很多，他们运用科技，使出传统手段，发现了很多证据，但是没有人抓到真实的幽灵，因而也很难令人信服这个世界上真的有幽灵。人们之所以相信幽灵之说是因为他们不愿意接受死亡，希望能与死去的亲人相见甚至是保持联系，并设想有来世这一说法来自以慰藉。

为了说服人们相信幽灵的存在，追查幽灵的人通过一系列的调查指出，幽灵就是一种微弱能量的电磁波。电磁波是一种传递能量的形式，我们所见的各种颜色的光就是电磁波的一种。由于电磁波的传播过程中会同时产生电场和磁场，所以，电磁波完全可能与周围物质世界发生相互作用，并相应改变传播特性。

相信幽灵存在的人们指出，人死后幽灵仍然继续存在，其实

◎ 传说中幽灵的照片。人们之所以相信幽灵之说是因为他们不愿意接受死亡

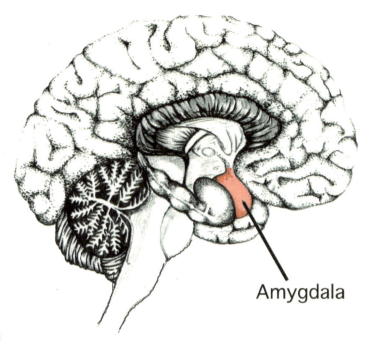

Amygdala

◎ 人脑图

是因为幽灵也是一种磁场，有记忆的磁场。幽灵和身体的关系就像电磁波和对讲机的关系。他们有着这样的联系，身体和幽灵是两部分，身体为幽灵服务，幽灵又依赖于身体，器官的存在是为了身体健康保留，这样幽灵才不会消失。幽灵来源于生前人体各部分所发射的电磁波积累，并且能够与周围环境发生相互作用。

他们认为，只要有电离子流动的生物个体都会形成电流，有电流就有磁场。有磁场就会产生幽灵。幽灵是怎样成长起来的呢？其实幽灵是胎儿在母体里渐渐形成的。刚开始的时候是很弱的，甚至可以说没有的，它的来源取决于大脑活动和体液的流动。当胎儿发育成熟后，大脑逐渐的发育并且与母体的血液流动增多，便渐渐形成了幽灵。随着人身体的增长，幽灵逐渐和身体紧密结合。这时大脑起介质的作用，人所有的记忆都由幽灵储存。打个比方，幽灵的成长就好比磁盘上的信息和磁盘上的磁粉的关系，但又不完全相同，因为幽灵又不完全依赖大脑而存在，它有自己的磁场记

◎ 传说中野外的幽灵

忆方式。这就好比磁盘上的信息以电磁波的方式发送出去了，它们任何时候都可以被自己的大脑接收显示。其实幽灵与身体的分离——当人的器官损坏或身体虚弱衰老而不能产生足够的能量时，幽灵便与身体脱离了，确切的说，是身体先死亡。

正是受到电磁波能量的影响，幽灵才会经常出现在野外阴森黑暗之地，如坟地。坟地埋葬的尸体相对很多，所以产生的电磁波能量也相对较强。在光明、人多之处，自然的电磁波，如太阳光和活人产生的电磁波更强，掩盖了幽灵的电磁波。

很多人声称见到的幽灵大多是白色的，那是因为通过人体发射出的电磁波，经过与周围环境的相互作用之后，频率范围（或称频谱）是非常宽广的，所以一旦被某些人所见，也必是白色的。其中，能看到幽灵的往往是特别虚弱或有某些特异功能的人，因为当某些幽灵的电磁波与人体发生作用，而使人体本身电磁场发生变化，通过人体自身产生视

◎ 捕录者所说的"小幽灵"

觉上的幻觉。这是完全可能的，因为人眼就像探测器，而人的大脑是否"看见"某个物体是通过人眼产生的人体内部生物信号来判断的，所以，这种"看见"并非来自于光线进入人眼，而是人体内部产生了对大脑的视觉激励信号，本质上是一种幻觉。通过这种幻觉认识幽灵的可能性更大，因为幽灵也正好是人体发射的电磁波，频率更为相近，因而也更容易与之发生作用，也就是所谓的"心灵感应"。

他们认为，通常在人刚死去的时期内最容易见到幽灵。因为人在死亡的时刻会发射出很强的电磁波，当他们死后，身体特别是大脑所发射的电磁波由于没有能量供应便会快速衰减。至于有些幽灵还会产生某些声音：如走路的声音，那是因为它能量偏高，而且与周围环境的作用很强，以至空气发生了振动而产生声音。那些经常停留的地方人的电磁波与周围环境的相互作用更强，因此，当他死去以后电磁波在空间传播时，更容易在这些地方产生反应。于是便会出现幽灵"重现"在生前最喜欢去的地方的情景。

同样的道理，他们也解释了镜子里面、摄像机里面或者人的"余光"容易看到幽灵的原因。有时摄像机能拍到幽灵，其实正是因为摄像机中的探测器，如 CCD 的响应频率比人眼更宽。一般来说，幽灵既然来自于人体，它的频谱应该接近于可见光，但比可见光频率要低一些，人的余光或镜子可以扩宽人的视觉频谱，因而幽灵被发现。

# 4 幽灵调查员

捉幽灵人俗称幽灵调查员，并不是现代特有的职业。人类一直致力于灵异方面的研究，传统中，人们研究幽灵通常都是通过灵媒。灵媒通常就是指一些自称能够通神、通灵、通幽灵的人。在宗教上称灵媒为禁厌师、医巫、术士。在西伯利亚和北亚洲以及阿拉斯加等地则称为萨满法师。他们能够差遣某些幽灵神来驱除另一些幽灵神；或者是请某一些幽灵神来，协助求助的人们，指导人们如何克服现实生活中的种种困难，以及满足人们现实生活中的种种欲望。所以，他们和人类的心理、生理上的弱点有着与生俱来的供需关系，于是就产生了这样一种职业。虽然通过灵媒的帮助，有时也真的可能会得到一时的意外收获，但那只是一种幻觉的满足而已。

在西方，早期最著名的捉幽灵大师是查理二世的宫廷牧师乔瑟夫·格兰威尔，他是 17 世纪末期的首批幽灵猎人之一。他潜心研究超自然现象，特别是不列颠群岛上的幽灵活动。还有另一位有名的捉幽

◎ 一位灵媒

◎ 萨满法师的法器

灵者，便是哲学家弗里德里克·尼可莱。据说，他对幽灵感兴趣是因为受到死去的人的幻影折磨。为了替自己寻找解决之道，他便开始着手调查，而且还出版了《回忆录：由于疾病而导致幽灵或幻影出现》。该书中收录了各种超自然的经验，包括见到亡灵的经历等。

1882 年，在伦敦成立了灵异学研究学会（Society for Psychic Research，简称 SPR），这是一个真正有组织的学术研究机构。SPR 历任会长有三位诺贝尔奖得主，十

## 知识链接

### 萨满法师的神鼓

**在**跳神活动中，萨满法师有专门的装饰和法器。其中，神鼓十分重要。据萨满法师描述，当萨满法师要上天请神时，神鼓就变成了骑坐的鸟；若萨满法师要下到水里时，神鼓便变成了船；萨满法师在陆地疾行时，神鼓又变成了马。

◎ 查理二世像。他的宫廷牧师乔瑟夫·格兰威尔是早期最著名的捉幽灵大师

位英国皇家学院会员，一位首相，还有许多著名科学家、哲学家。其中，詹姆斯（W.James）是当时对此研究最有贡献的学者，他也是 SPR 的创始者之一。他认为任何一位就事论事的人，如果没有被科学的门派所局限的话，就应该感觉到，只要不是有人恶作剧，幽灵屋、幽灵、在半睡眠状态时的超自然能力等，都是自然界的现象，应该用好奇的态度、科学的方法来研究。这个研究会的会刊发表了第一篇正式关于心电感应、千里眼实验的报导。虽然 SPR 遭到科学界批评，但却吸引了不少成名学者。

1885 年，在美国波士顿也成立了相似的机构——美国灵异学研究学会（ASPR），其成员多是著名科学家和哲学家。

现在，美国和西欧约有 30 来所大学从事这方面的研究，不过规模都不大。杜克大学心理系的两位赖恩先生（J.B.Rhine 和 L.Rhine）致力于有关死后复活的研究，后来慢慢地演变成今日"超感知觉"（ESP，extrasensory perception）的研究室。1937年，他们出版了《超心理学期刊》一书，该书是灵异研究学会中具有代表性的著作。1957年，杜克大学成立了"超心理学会"，1969年并入"美国科学促进学会"。

史丹福大学创办人的兄弟托马斯·史丹福曾经捐赠了一笔钱支持对超自然现象的研究。直到现在，史丹福大学仍然为灵异现象研究提供奖学金。哈佛大学及一些欧洲大学也在进行小规模的研究，并偶尔在杂志上发表文章。1990年前后，美国的捉幽灵者首先发现了照相机上的光斑，他们认为这些光斑是死去的人萦绕在他们墓碑上的灵魂。

号称捉幽灵第一人的赫尔泽是一位学院派的心灵心理学家，他曾在维也纳大学专注于研究考古学、古代历史和纹章学，并且取得了比较宗教学的硕士学位和伦敦应用科学学院心灵心理学的博士学位。后来，他在纽约工学院教授心灵心理学。虽然号称捉幽灵第一人，但赫尔泽自己其实并没有亲眼见过幽灵。他惊奇地发现相机可以捕捉到幽灵，生活中那些熟练的灵媒和那些经他训练过的年轻女人可以"接收"到幽灵们的谈话。赫尔泽最著名的调查是亲自到一个鬼屋的事迹。1977年1月，在灵媒爱塞尔·詹森·梅耶斯（Ethel Johnson Meyers）的陪同下，他到达美国长岛艾米提威镇的海洋大街112号。这处房子的门口被木板封着，由于坐落在水边，幽灵屋显得格外阴冷、空寂。三年前，就在这处木制的荷兰殖民地式建筑里，23岁的罗纳德·笛福先后谋杀了他还在熟睡的父母和四个兄弟姐妹。后来，有家人搬进去以后，令人毛骨悚然的怪事就开始接连不断地发生。这家人总会听到砰砰的可怕的关门声，乐队的演奏声，而且此地甚至开始滋生成群的苍蝇。大厅的墙壁慢慢渗出令人恶心的绿色粘液，耶稣受难像晃动不止，更有甚者，一个红眼睛的男孩居然出现在楼梯顶端。赫尔泽的灵媒声称"接收"到了一个愤怒的印第安部落酋长的精神信号。这个酋长通过信号告诉她说，这处房子建立在古代的印第安坟场上。于是，赫尔泽得出了这样的结论：印第安酋长附身在凶手身上。然而，当地的历史学会却声称，该地从来就不是一个什么印第安坟场。尽管如此，后来这段离奇故事得到了好莱坞的青睐。据此，好莱坞很快推出了电影《艾米提威惊悚》，而且还根据赫尔泽对故事的解释，出了续集。

知识链接

## 何谓转世

转世指一个人在死亡后，其性格特点或灵魂在另一个身体里重生。转世是印度教、锡克教、耆那教、一些非洲宗教及很多不同的宗教的主要信条。他们认为出现在人世的鬼或幽灵就是拒绝转世的，通常是因为他们心存怨念或是有事未了。

# 5 从茅山道士到幽灵猎人

　　茅山，坐落于现今江苏省句容市和金坛市交界处。这里风景优美，幽静宜人，蜿蜒起伏，有道教圣地"十大洞天"中的"第八洞天"之称，又是"三十六小洞天"的"第三十二洞天"，更是被人们誉为是"天下七十二福地"中的"第一福地"。因为有道教一宗发源于此，以此为修炼本处，后发扬出去的道教宗派称之为"茅山宗"，人们便把其弟子呼之为"茅山道士"。

　　茅山道士捉鬼这一说法又是怎样发展起来的呢？鬼神之说民间已传说很久，有鬼就有恶鬼的存在。恶鬼在人间作恶多端，危害世人的生命。于是便产生了茅山道士捉鬼这一说法。蒲松龄的《聊斋

◎ 风景优美，幽静宜人的茅山

◎ 动画片中穿墙的道士

◎ 茅山灵符

◎ 为了通鬼神，巫师会选择服食曼陀罗

《志异》里曾经记载了一位茅山道士学艺的故事：有一位名叫王七的人去茅山学艺，时间过去了很久，也没学到什么真正的本事，有些急不可耐了，就去找师傅商量，想请师傅传授些穿墙之术。师傅同意了，传了口诀和咒语，王七念着咒语，直奔墙壁，竟然穿墙而过，不由大喜。可是，回到家中，法术却不灵了，头上还撞出好大个包，着实让人取笑了一番。

在蒲松龄的小说《倩女幽魂》里，道士则是在充当着一个降妖伏魔的角色，他极力地想拆散聂小倩和宁采臣，坚信人和幽灵是不能在一起的。在影视作品中导演赋予了道士更人性化的性

◎ 英国作家狄更斯像

格，最后帮助聂小倩转世为人。因而道士在人们眼中都是正直，驱恶扬善的化身。

东方有茅山道士，在西方则有幽灵猎人。在1862年的伦敦，出现了一个名为"捉幽灵俱乐部"的聚会所。这是一个研究幽灵事件与幽灵怪的研究机构，许多对此有兴趣的人士加入，比较知名的有英国炼金术士库克教授、大作家狄更斯与灵媒哈利·普莱斯。

在幽灵事件发生的场所，经验丰富的教授们会根据当时的情况展开详细的调查，通常他们会观察数月，仔细记载相关的数据与发生的事情，记录异常的举动。然后收集大量的证据。

## 知识链接

### 巫师五花八门的通鬼神手段

在古代中国，巫师主要用以下四种通鬼神的手段：

第一，法器通鬼神

在进行法事的过程中，巫师使用一定的法器通达鬼神，他们的法器诸如海螺、铜镜、羊皮鼓、神棍、神扇、经袋、法衣等都有专门的用途。

第二，歌舞通鬼神

在《楚辞》中，曾有关于歌舞来通达鬼神的记载。边远地区有神汉、神婆以歌舞来通鬼神的做法。不过，他们的"歌舞"不如远古时代的仪式化。

第三，动物通鬼神

在《山海经》中，有许多关于动物协助巫师沟通人鬼、天地的记载。

第四，药物通鬼神

巫师服食药物通达鬼神是很普遍的现象。巫师为达到迷狂境界获得"神谕"，大麻、曼陀罗和酒等都是他们会选择服食的。

# 第三章
# 科学触碰幽灵

　　有位科学家曾经说过，没有科学不能解释的事情。人们尝试使用科学仪器去追查幽灵，通过科学方法探索幽灵，但随着研究的深入，幽灵这个谜反而变得令人更疑惑。

# 1 科学家相信有幽灵吗

　　幽灵这个名词千百年来一直是神学界和科学界最具争论的名词，世界上几乎每个民族都存在这样或那样的关于幽灵的传说。

　　如果你认为科学家会因为没有证据就不相信幽灵的存在，那你就大错特错了。爱因斯坦晚年在能量论一书最后章节里写道，人是

◎ 爱因斯坦像

以能量存在的。而身体死亡以后，会有能
量的转载过载的形式出现。而再联想到空
间论中有科学家讲道，我们的世界是以在
不同空间共载生存的方式产生着，由在不
同的时间轴中生活着不同的时间组成。那
么这样一联想的话就不难得出，能量与灵
魂的关系。

　　爱因斯坦和弗洛伊德曾经对著名的特
异功能大师沃夫·梅辛做过测试，这是一
次历史性的会面，梅辛应邀展示他的特异
功能。当时他们在爱因斯坦家里，弗洛伊
德早就在抽屉里混放了一把铜质小镊子和
一把铁质大镊子。他们都一言不发，弗洛
伊德用思维向梅辛发出第一个指令：

　　"请你从右边洗澡间的小柜子上面的
第一个抽屉里取一把铜质小镊子来！"梅
辛毫不犹豫地走向洗澡间，并把铜质小镊
子取了出来。弗洛伊德又用思维向梅辛发
出了第二个指令："用手中的镊子，以最
快的速度从爱因斯坦的八字胡里拔出三根
胡须来！"

　　梅辛对爱因斯坦说："对不起了，教
授。"说着就拔了他的一根胡子。弗洛伊
德和爱因斯坦为此而赞叹不已。弗洛伊德
说，那正是他想让梅辛做的。弗洛伊德虽
然对人类神秘现象极为反感，但他毕竟是
一位实实在在的科学家。名副其实的科学
家是充分尊重事实的。因此，当弗洛伊德

◎　弗洛伊德

◎ 著名的特异功能大师沃夫·梅辛

测试完梅辛后说，要是能来世再生，他就会献身从事特异心理学方面的研究工作。因这次测试使梅辛在德国出名，后来成为那个时代欧洲最有名的特异功能大师。

人们对幽灵是这样定义的："一种能脱离肉体独立存在的思维或意识体，神学上将它视为生命延续的一种方式"。关于这一论题现在世界上分为两大阵营，唯心主义和唯物主义。绝对唯心主义者相信幽灵的存在，他们认为人分为肉体和灵魂，而幽灵即是人的灵魂。绝对唯物主义者完全不相信幽灵的存在。但是目前双方都没有充分证据证明各自的观点，这样就使得相互都无法说服对方。

这两大阵营都有各自的拥护者，客观一点的看法是由于没有充分证据，既不否认也不承认幽灵的存在，科学的精髓是实事求是而不是单凭个人的主观臆想，要得到确切的答案还需要人们通过长期艰苦努力的探索。

有的科学家便开始了探索的道路。他们中有的通过研究认为幽灵是存在的，是以波的形式存在的人类的主意识和潜意识的共同体。幽灵和身体的关系就像电磁波和对讲机的关系。幽灵是一种磁场，有记忆的磁场。人分肉体和幽灵两部分，身体为幽灵服务，幽灵又依赖于身体，器官的存在是为了身体健康保留，这样才使幽灵不消失。

他们认为幽灵应该保存着作为人的记忆。由于幽灵以波的形式存在，所以只可能有三种结果：第一种结果是人的身体死亡，无法提供其所需的能量，这时幽灵就会随之逐渐消散。第二种结果是不同的幽灵波动不同，他们会互相影响，变为一种混乱的波（就是恶幽灵一类的存在，恶幽灵也是以某一个波动为中心的，拥有一些意识，但是弱小的恶幽灵的意识经常会被自身其他波动影响）。第三种结果是一些拥有强大波动的幽灵可以抵消其他波的影响，并逐步同化他们以增强自身（就像是修炼），这样的幽灵拥有强大的力量，他们可以自由活动，甚至能飞到人类的脑海中，影响人类，也就是我们常说的托梦什么的。当幽灵强到一定程度的时候就会学会控制自身波动，以便于自身存在更长时间。他可能在自己家人的身边，也可能会去以前自己很留恋的地方。

知识链接

## 基督教的灵魂说

原始基督教将灵魂分作"灵"、"魂"两部分。"灵"是来自上天的，只有人类才拥有；而"魂"是血肉的，是所有生物都有的。

中世纪最广泛的观点认为，灵魂是上帝所创造的；另一种观点认为，个人的灵魂承自父母。因为受古希腊哲学新柏拉图主义的思想影响，在基督教信仰中，一般将人划分为灵魂与身体两部分，而且认为他们在生之时是不分离的。

◎ 拉斐尔的名画《基督显圣》

# 2 科学家无法解释的"神秘力量"

◎ 亚里斯多德像。他曾在自己的著作中专门讨论了灵魂
与心理学问题

　　虽然许多科学家都在对幽灵现象
进行研究，然而依照我们惯常的思维
逻辑去分析这些未知的事物时，经常
会把自己对新奇事物的惊异附加到这
件事物上。以我们目前现有的科学知
识并不能去解释这种现象，于是使之
变得更加神秘莫测。现实世界上有些
存在的神秘现象仍然无法解释。

　　法国物理学家彼埃尔·居里年轻
的时候，在哥哥雅克的影响下迷上了

神秘的超自然现象。随着年龄的增加，他对这个神秘世界的好奇心从没有减少过。正是这种好奇心使他遇上了怪异的欧萨皮亚·帕拉第诺，她路过巴黎的时候，展现出来的特异禀赋引起了科学家的兴趣，他们认为可以找出这些异常事件的原因。于是 10 多位科学家决定对欧萨皮亚进行测试，其中就有彼埃尔和他的夫人玛丽·居里。比起他的夫人来，彼埃尔显得更为震惊：他看到了桌子

◎ 法国物理学家彼埃尔·居里像。他在年轻的时候曾迷上了神秘的超自然现象

## 古希腊哲学的灵魂论

古希腊哲学家柏拉图认为，灵魂是会轮回转世的，因为他是为追求世界的欲望而堕落到地上，并被圈入肉体的，注定要经过一个净化阶段。他还认为，灵魂是精神世界的、纯粹的、理性的，是单纯不能加以分解的，有生命和自发性。亚里士多德认为，肉体是质料，灵魂是形式，是实体，而且他还将灵魂分为有感觉、理性和营养的机能 3 个部分。在亚里士多德的著作中，他曾将灵魂与心理学一同讨论，而且他还将《论灵魂》列为"第二哲学"的范畴。

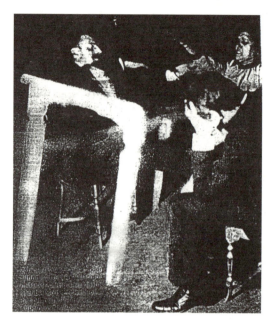

居然自己在移动，还看到了奇怪的光影，甚至还感觉到无形的手在碰他！1905～1908年，欧萨皮亚在43场演示中制造了无数的奇异现象。科学家们最后得出了什么结论呢？令人失望之极，他们也说不清欧萨皮亚究竟只不过是个比较高明的魔术师呢，还是其他什么……

◎ 欧萨皮亚·帕拉第诺在进行悬浮表演

 知识链接

## 神奇的意念

所谓意念就是一些人能够用思维影响物质。在科学上，关于意念移物也一直众说纷纭，争论不休。

在俄罗斯有一位叫库拉金娜的妇女据称拥有神奇的意念。库拉金娜能够用意念移动物体，能够把东西看弯。1970年库拉金娜在实验室里，用意念改变了青蛙的心跳，她随意使青蛙的心跳频率加快或减慢甚至停止。

◎ 库拉金娜能用意念改变青蛙的心跳

# 3 幽灵大宅住三日

　　为了追查到底有没有幽灵，人们不惜以身冒险。在世界著名的幽灵宅孟卡斯特城堡里，来了很多不速之客，他们是具有冒险精神的人，毫无畏惧地要在这里寻找英伦晨雾中的幽灵。心理学家和神

◎ 孟卡斯特城堡

经生物学家贾松·布莱思怀特，将在孟卡斯特城堡举办为期3天的研讨会。在这所具有800年历史的老宅里，他要从"理性和科学"的角度与大家一起探讨灵魂和幽灵的话题。

研讨会开始了。有20多人专程赶来听贾松·布莱思怀特的演讲。这些人从25岁到60岁不等，而且不仅有英国人，还有西班牙人、芬兰人、瑞典人、瑞士人和德国人，甚至还有一位澳大利亚人，这是一群钟情于特异事物的人。贾松给他们讲了许多有关孟卡斯特城堡的故事。据说这座古堡一直被已经死去几百年的宫廷小丑汤姆的幽灵缠绕。另外，还有"玛丽·布瑞格事件"：这位年轻妇女在19世纪时被人杀害于古堡的栅栏前，从此，她的幽灵便在古堡的周围游荡。不少人都说见过这个幽灵，有的证词甚至已有25年的历史！还有不少开车人也述说他们在这个地方差一点撞上一个年轻的女人，而当他们下车察看

知识链接

## 三魂七魄

中国传统上有一种说法，灵魂分"魂"、"魄"两部分。魂主精神，魄主身形，而且有"三魂七魄"之说。当人受到惊吓，魂魄可能会离开身体。如果处理不好的话，人就会因此而死亡。当有人被吓至昏迷之时，为了使昏迷的人起死回生，民间会举行一种特别的"招魂"仪式。除了魂魄说以外，还有一种说法认为，人的灵魂是一种拥有意识的特殊物质，并将其称之为"内丹"或"元神"。这种元神有阴阳之分，一旦经过修炼使人变为纯阳就能控制灵魂进出肉体。这被称之为"元神出窍"。

◎ 所谓的幽灵遗迹

时，她却突然不见了。贾松是一个怀疑论者，在他看来，玛丽·布瑞格的情况说明，幽灵的出现常常是因为人们对真实而具体的迹象发生错误的认知，而孟卡斯特城堡周围的环境很容易使人产生错觉。道路起伏蜿蜒，路边有许多高大的树木，又没有路灯。此外，这个地区气候潮湿，经常出现的大雾也影响人的视觉。

到幽灵城堡居住成了人们猎奇探险的爱好。虽然一提到幽灵宅，大家就会人心惶惶。在人们的想象中，幽灵大宅一般都是废弃的、无人居住的，并且里面常常有冤魂出没。阴森恐怖的氛围，常常会使人敬而远之，但在当今世界上却出现了"幽灵宅游"这一新兴行业。

在美国几乎每个有历史的城市都会流传幽灵出没的传说故事，比如闹幽灵的老宅、墓地。因此"幽灵宅游"迅速在美国发展起来了，现在成为一项新兴另类的旅游事业。不少富有冒险精神的年轻人都投身于这个刺激又好玩行业当中。如今的美国已经有超过一百条"幽灵宅游"线路，绝大多数的城市都至少有一家旅行社提供专门寻访幽灵出没地带的旅游路线。做一个"幽灵宅游"的导游也是个不错的职业，这个行业看来还是很有发展潜力的，也说明了人们对幽灵的既恐惧又好奇的心理。

"幽灵宅游"的最大特色不是当地的湖光山色或者人文建筑，而是气氛。现在有一些旅游团为了吸引更多的游人，于是便开设了"捉幽灵行动"等课程来吸引游客。当然了，绝大部分所谓理论都是没有什么科学依据的。

比如导游会叫游客去拍摄大量的照片，然后在照片上查找幽灵的痕迹。例如那些照片上的白斑，很可能这些白斑只是一些再平常不过的昆虫、灰尘或镜头上的雾气，但却能激发人们强烈的好奇心。

**知 识 链 接**

## "血腥玛丽"背后的恐怖故事

鸡尾酒"血腥玛丽"的背后就有一个极度恐怖的故事，传说匈牙利的李·克斯特伯是一个嗜血女王，为了永葆青春和美貌，她要定期喝下少女的鲜血，即便是在她50岁的时候，依然有人为了她的美貌而自杀。据说她居住的古堡每到月圆之夜都有幽灵哭声传出。后来该古堡被贴上了封条，成为了欧洲四大幽灵屋之一。

# 4 秤秤灵魂有多重

传说幽灵是没有重量的，也用不着走路，他们就一直漂浮着，在天花板上、暗黑的走廊或者在半空里。就像我们在电影上面看到的幽灵一样，它们大多都是穿着白色的衣服，飘荡在大街小巷、神秘古堡或者荒郊野外。

为什么幽灵是飘着的呢？它究竟有没有重量呢？如果有，那么又有多重呢？

早在古代的埃及，人们确信灵魂的存在，而且认为灵魂是有重量的。他们确定灵魂之重用一根羽毛作为象征；在西方的传说里，人死后，没有了灵魂，体重就减少了 21 克，而这 21 克的重量就正是灵魂的重量。

为了证明灵魂的存在，还有很多科学家开始对其进行研究。有的科学家对许多死而复生的人进行调查，要求受调查者描述他们死亡时的心理体验，结果所有人的体验大致相同。

美国著名心理学博士雷蒙德·A·穆迪在研究过 150 个濒死体验者（经历过"临床死亡"后复生的人）的案例之后，试图为人们揭开死亡真相。一个落水的男人回忆说他掉进水里的那一霎。他感觉到脱离了身体，自己仿佛是一片羽毛独自处在一个空间中。然后

◎ 传说中穿着白色衣服飘荡的幽灵

◎ 墨西哥亡灵节

◎ 美国著名心理学博士雷蒙德·A·穆迪

他发现自己站在了体外的某一处观察自己的躯壳，不停地出入自己的肉体。接着他对时间的感受消失了。

一位被手术救活的人说，当时他飘飘忽忽的，发现自己上到了天花板上，停留在那儿看着大夫们给自己动手术，当他们使用电击器时，他的身体弹了起来，这时他从天花板上重重地朝自己的身体摔了下去，之后就恢复了知觉，发现自己仍然是倒在手术床上！

麦克特嘉博士在邓肯大学也做了一个成功的实验，就是在人断气的一刹那，他竟能称出灵魂的重量至少是一个盎司，通常超过两个盎司。他的实验是这样：事先商请六个垂死的病人，自愿来作实验，特制精密计重床一架，灵敏程度能够显示十分之一盎司的差别。他对病人的选择非常小心，必须静静死去，才合标准。麦克特嘉博士一连做了六次同样的试验后，才将实验

知识链接

## 墨西哥的"亡灵节"

在墨西哥，11月1日、2日两天通称为"亡灵节"。11月1日这天是祭奠死去孩子的"幼灵节"，11月2日则是祭奠死去成年人的"成灵节"。亡灵节是受印第安人祭奠先人习俗、基督教万圣节这两种文化相互影响而形成的墨西哥传统节日。在"亡灵节"，人们通过守灵、上贡等方式祭奠逝去的亲人。"亡灵节"的祭品讲究颇多，水、火、盐等都是祭品。其中水是生命之源，火象征光明、希望和信念，盐是智慧之物。此外，象征财富的黄色万寿菊、象征纯洁的白色的紫罗兰、小孩玩具、甘蔗等都是重要的祭品。

◎ 所谓灵魂出窍是濒死体验的一种经历

经过、内容连同自己的见解，发表在美国心灵研究协会杂志上。这一篇文章令世人为之震惊，在当时引起了一场激烈的争论。从科学的角度看，这个研究显得并不是那么准确，一方面失误率太高，在麦克博士的研究中，只有一例成功，这样的失误率必须大量增加例数才能有统计学意义；另一方面，他既然考虑到体液的蒸发，就应该把这些蒸发的体液用一个罩子收集起来，把重量也算进去。麦克博士所公布的死亡的精确时间并不可信，当时的条件，这个是很难确定的。最让人质疑的是他的秤，太难调整，似乎并不是那么精确。

◎ 很多濒死体验者都曾感觉自己在一个泛着白光的隧道里

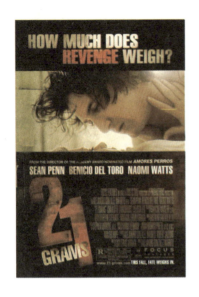

◎《21克》电影海报

十年后，美国另一位心灵学研究专家卡特博士读了麦克特嘉博士早年的报告，以及告尔诺博士关于"透过名叫迪亚西宁染料染过的布幕看人体，可看到发自人体的如雾发光体"论之后，他也做了有关灵魂的另一个实验。他依照上述两篇论文所述，制作一个布幕及体重计，他说果真看到发自病人身上如雾般微发光体映在布幕上，不久，它就缓慢变成如躺在床上的病人形体，接着缓慢地飘浮起来，飞向窗外，然后神秘地消失。

电影《21克》的介绍是这样说的："不管你是否恐惧，他都会最终降临，在那一时刻，你的身体轻了21克。"

知识链接

## 濒死体验

濒死体验是一种在接近死亡时，一些人所经历的超体验的现象。濒死体验的现象包括有心理、生理及超自然因素。心理学、生物学和宗教界对濒死体验均有不同的看法。

法国现实主义作家莫泊桑、德国伟大诗人歌德、英国著名作家劳伦斯等都曾有过濒死体验。他们认为，"灵魂"离开身体的感觉就像做梦一样。

# 第四章

# 幽灵的衍生

可怕的不仅是幽灵，还有那些神出鬼没的幽灵船、幽灵岛，人们都无法解释原因，但却永远对之好奇。

# 1 永远漂流的幽灵船

那些通常人们一听到幽灵船这个名字总是会联想到那些在大海上漂泊着，神出鬼没的船只。他们通常是失踪或已沉没的船只，但却不知为何会再现。还有一些幽灵船则是无合理解释的全体船员失踪后再出现的无人空船。关于幽灵船这一话题一直就是人们好奇而津津乐道的话题，成为作家和导演们灵感的源泉。

◎ 海鸥，据说海鸥能送走死去的水手的灵魂

　　从古到今大海一直都是冒险家的乐园。早先，由于人类受到科技水平所限，航海始终是种冒险活动，事故频繁人所共知，所以没有人特别留意曾出现的一些奇怪事件。

　　当时航海中有很多禁忌。吹口哨原本是愉快的事情，但是如果你在海上吹口哨可能得到的是人们愤怒的眼神，因为据说在海上吹口哨就会遭遇风暴；装货口的盖子必须朝下放置，否则就会翻船；出海的时候，女人和红头发的人会带来厄运；海鸥会运走死去的水手的灵魂，因此决不能杀死海鸥；船不能在星期五离开港口，因为这一天是耶稣被钉死在十字架上的日子；鲨鱼能闻出那些即将死去的人身上的味道，如果船被一条鲨鱼跟着就会倒霉；吃鱼不能说翻鱼不然就会翻船……早年间，出海的船只有许多类似的禁忌，但最终可归结为一条终极原因：敬畏海洋的威力。面对神秘莫测的海洋世界，许多无法解释的超自然现象令人百思不解，而在水手眼里，最可怕的事情莫过于遇到幽灵船。

　　据称最古老的幽灵船是"漂泊的荷兰人"。1680年，它还只是一艘普通的荷兰帆船，由阿姆斯特丹开往印尼的巴达维亚。途中在好望角遭遇到暴风雨，船员和乘客们都劝说船长戴肯进港躲

◎《漂泊的荷兰人》话剧海报

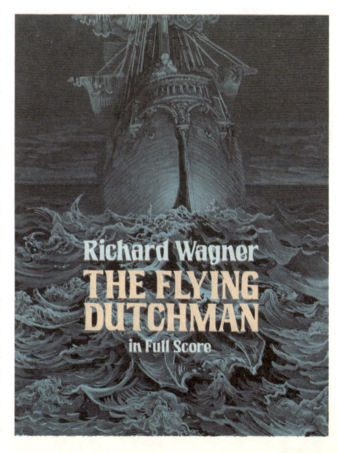

◎ 漂泊的荷兰人

避风雨，但戴肯一意孤行，下令继续航行。最后，船被风浪摧毁后沉没，船上的人全部葬身大海。事情本来就这样结束了，但是奇异的事很快发生了：有人看到这艘本已沉没的船竟然在海上航行。1881 年 7 月 11 日，英国皇家海军巡洋舰"巴克斯号"上的一名海军少尉在日记中记录了，在清晨 4 点，这艘荷兰帆船从他们的船头横穿过去，了望台监视员和观测员都看到它了……它像幽灵一般，发出奇怪的红光，照亮了船桅、桅杆和船帆……距离只有 200 码。这位海军少尉，就是后来的英王

乔治五世,记录中的"它"指的就是"漂泊的荷兰人"。当时与"巴克斯号"同行的其他两艘军舰上,也有十几名船员目睹了这一奇特景象。

此后的200多年期间,不断有人声称看到过这艘幽灵船。1942年8月3日上午,英国皇家海军舰队"福比尔"号在开往海军基地的途中遇到了幽灵船,为避免相撞,"福比尔"号只好改变航道。当时负责观测的船员戴维斯在航海日志中写道:"一艘多桅帆船以前从没见过,虽然没有风,却在扬帆航行。"二战期间,德国"狼群"潜艇编队的艇员也曾见过这艘船,他们声称宁可在大西洋上与反潜舰队作战也不想遇到这艘船。

在1948年的蒸汽货轮"乌兰克·密达"号上发生了一件非常奇异的事情。这年2月,出事那天天气晴朗,对于航船来说是个好天气,但是从这艘货轮上却发出了SOS求救电波,根据当地英国和荷兰雷达站的测定,出事船正位于马六甲海峡。电文称:"船长和官员们都死了,船上活着的也许只有我一个人了。"过了一会后,SOS发出的电文是:"我快要死了!"随后再也没了信号。

救援组织根据雷达站测报的坐标位置,立即从最近的马来西亚和苏门答腊派出了救援船只。就在离测报点50海里处找到了这艘船。当救援人员爬上"乌兰克·密达"号甲板时,他们都惊呆了,眼前出现了可怕的场景:船上的人全死了,船长躺在船桥上,其余的人则分别倒在驾驶室或起居舱里,在机舱和住舱里发现了司炉和水手们的尸体。无线电报务员仍然坐在自己的工作舱里,手中仍紧紧地握着发报器的手柄。在所有遇难者的脸上都是一种表情,那就是极度的恐怖、惊惧,死亡者的身上没有任何伤痕。在把"乌兰克·密达"号拖到港口后的一段时间里,第4货舱不知为什么突然起火,火势非常迅猛,很快蔓延开来,完全无法扑灭,接着,发生了爆炸。这下真是

毁船灭迹，查无证据，该船的神秘经历与船一起沉入了海底，成了永远的秘密。

同样的神秘事件还发生在一艘英国货轮上。1954年2月末，英国货轮"列尼"号正航行在新加坡至科伦坡的旅程中，在离尼科巴群岛约200海里的海面发现了一艘处于漂泊状态的货轮"霍尔丘"号，于是"列尼"把它拖到了港口。查看该船，除了前桅折断外，船上一切设备都没有故障，非常正常。粮食也很齐备，1万多袋大米好好地放在舱里。淡水、食物和燃料也储备充足，但船员全部失踪（后来查明，船组共5人），至今下落不明。

1881年12月12日，"艾伦·奥斯汀"号正在北大西洋航行，遇到了一艘双桅帆船在海上漂荡，船上空无一人。于是船长格里芬派大副上船察看。美国海员来到船上，发现船尾的船号及注册港地名均被抹掉，但帆船是完好的，货舱里满是瓶装的果汁和葡萄酒，储舱里还有大量的食物和淡水，但所有的船上文件不翼而飞。格里芬船长有些欣喜，居然在海上遇到这样的意外，决定作为"猎物"把它拖到目的港，这么大一笔横财的确十分诱人！船长需要3名海员上到那艘船去，可船员们都十分迷信，谁也不愿意去执行这样的任务。无奈，船长只得对船员许以重酬，才有3人应命而去。两个星期的拖航十分顺利，在离岸还有3天路程的时候，突然起了一阵大风，拖索绷断了，夜里两船失去了联系。一天后，"艾伦·奥斯汀"找到了这艘帆船，此时已距目的港纽约只有300海里。船长发现派上船的人失踪了，于是再许以重赏，费尽口舌，终于又动员3名水手登船配合拖航，拖航重新开始。第二天黎明，"艾伦·奥斯汀"号的值班舵手发现航速突然快了许多，再看后面的拖船，已不知去向。船长为了找到这艘神秘的帆船，花了好几天的时间，但再也不见其踪影。这艘帆船以后也没有人再看到过。这成了航海史上的一件奇案。

20 世纪最不可思议的一艘幽灵船是丹麦的航海实习船"戈毕哈芬"号。这艘 5 桅大帆船在 1928 年载着 80 名年轻的未来海员进行一次环球航海实习。这年的 12 月 4 日，它自阿根廷的布宜诺斯艾利斯启航继续下一阶段的计划。大约过了 1 个星期，"戈毕哈芬"已驶出了 400 海里，基地还收到了它的一份电报，说是航海顺利，乘员状态良好。可这之后就再也没了消息，也一直没有回到母港哥本哈根。奇怪的是，在大西洋航行的多艘船只曾在不同的地点遇到了这艘满帆航行的船。1929 年 1 月英属特里斯但—达库尼亚群岛（在南大西洋）的居民见到该船在该岛与好望角之间的海域漂泊，当时正刮着大风。几天后，风停了下来，丹麦方面曾组织了搜寻，但一无所获，这年的稍后一些时间，智利的渔民在作业时又见到了这艘船，接到报告后，当地的海难救助人员又进行了搜索，可仍是无功而返，这艘船的失踪引起了丹麦社会的广泛关注，船上的实习生中有不少出自富家或名门，这些家庭对官方的搜寻很快失去了信心。于是自筹资金组织了搜索，当然是仍无结果。于是人们认为，"戈毕哈芬"肯定已经沉没，无人能活着回来。

可"戈毕哈芬"的故事并没有到此结束。20 年以后，1959

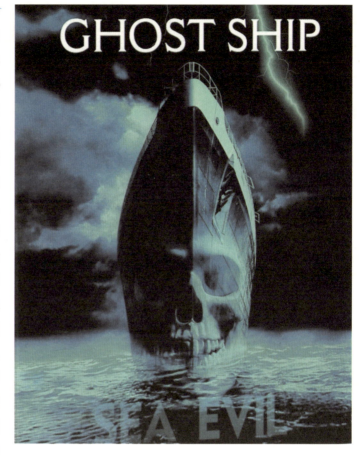

◎《幽灵船》电影海报

◎ 泰坦尼克号

年 10 月 7~8 日的夜间，一艘荷兰货船"斯特拉特·马盖汉斯"号正航行在非洲南端，船长比特·阿盖尔突然发现一艘大型帆船迎面驶来，对向它发出的信号和警告全不理会，阿盖尔船长只好紧急规避，才免除了一次撞船事故。很快，这艘满帆急驶的大船就消失在晨雾之中。阿盖尔船长认为，它很像是失踪了多年的"戈毕哈芬"。若船长的推测正确，那么这艘船已在海上漂了 20 年，成了名副其实的"幽灵船"。

除了漂浮在海上的"鬼船"，还有一类船也被人们称为幽灵船，那就是失事的沉船。自从人类开始航海以来，全世界至少有 300 万艘船因发生事故而沉船，它们分布在各大洋的海底，平均每 14 海里便有一艘。"路西塔尼亚号"、"俾斯麦号"、"泰坦尼克号"……这些闻名遐迩的舰船，均是在无情的灾难中永沉幽暗的海底。但有些失事沉船上并不平静。英国邮船"罗恩号"是加勒比海最为诡异的一艘失事沉船。"罗恩号"曾是英国皇家邮船队的骄傲，它是最早的钢铁汽船，往返于英国和加勒比海之间，承担运送乘客和信件的任务。1867 年 10 月 29 日，"罗恩号"沿着往常的航线穿过英属维尔京群岛。上午 11 点左右，船上的气压计突然急速下降，表示一场风暴即将来临。船长伍利虽然也有些担心，但他相信这艘坚固的钢铁汽船可以经受住这场风

◎ 加勒比海。在加勒比海，最诡异的失事沉船是英国邮船"罗恩号"

暴，于是下令继续航行。但这是几个世纪以来袭击该地区的最为猛烈的一场飓风，而且风眼就在"罗恩号"的上方。船被风暴袭击沉没了，124名乘客和船员葬身大海。100多年后，珊瑚等海洋生物已将"罗恩号"的残骸覆盖，当年的惨剧随着时间流逝已被人们淡忘。人们把"罗恩号"开发成一个潜水的旅游观光项目，每天都有游客在潜水员的带领下入船参观。不过，人们经常会碰到一些奇异现象。

潜水教练巴里·米勒经常出入于"罗恩号"，他每次向这艘沉船的内部移动时，都会产生一种奇妙的感觉，好像有什么东西跟着他。潜水员彼得和卡罗琳曾经在夜间到"罗恩号"上探险，彼得突然感到潜水衣的右肩被人拉了一下，他回头看了看，什么也没有。过了一会儿，同样的事情又发生了，备受惊吓的彼得只得终止了这次潜水。潜水教练凯特·布伦也有过恐怖的经历。一次，他与三位游客前往"罗恩号"参观，当他们进入舱口时，一阵怪异的呻吟声响起，声音持续了几秒钟，然后渐渐消失了。他们感觉好像有一个幽灵般的东西在远处注视着他们，不想让他们进入船舱。无独有偶，潜水教练梅丽·萨德罗也曾经在"罗恩号"上听到过呻吟声、咕哝声，以及其他各种诡异的声音。每次听到后，她都会惊恐地扭头四处察看，但始终无法找到声音的来源。

水下声学专家彼得·沙伊菲利立刻对此展开了调查。沙伊菲利和技术人员运用声频混合设备模拟水下的声音，与潜水者们听到的声音非常接近。沙伊菲利认为，人类的耳朵可能听不清楚水下的声音，而海洋本身有很复杂的环境噪声。海洋中的哺乳动物，尤其是鲸鱼能发出很大的声音。驼背鲸每年都会经过维尔京群岛，极有可能当潜水者来到"罗恩号"时，一条驼背鲸恰好在附近游动，并在水下发出声音。而潜水者当时恰好处在看不到它的位置，突然间听到陌生的声音，就展开了想象。至于在"罗恩号"附近感到有什么东西拉扯自己，沙伊菲利认为，在支离破碎的沉船中会有许多乱七八糟的物体在四处飘动，包括一些居住在沉船中的海洋生物，潜水者会

◎ 驼背鲸

在无意中碰到或挂到它们，它们受惊之后很快就飘走或游走了，所以当潜水者查看时什么也看不见。虽然专家给出的解释也合情合理，但是凡事都是公说公有理，婆说婆有理，专家的说法并不能战胜人心中的恐惧。那些奇异的事情依然会发生，人们还是对幽灵船充满了敬畏和恐惧。

这样的神秘事件，即使到了近代，我们还常能从传媒中听

◎ 幽灵船

到类似的新闻：在辽阔的海上，发现被人遗弃的快艇，艇上有充足的食物、饮料、救生设备和无线通讯设施，但没了主人。查看的结果几乎是千篇一律：设备完全正常，但人员失踪，彻底不知去向，那些人已经消失在茫茫大海之中。失事船上的海员，直到遇难前都在正常地工作，甚至连即将发生灾难的任何兆头都不曾察觉。

谁也说不清楚，在这些不幸的船上，到底发生了什么，人们都将它们归为幽灵作怪，把它们统称为"幽灵船"。

# 2 神秘的幽灵船队

海上漂浮的不仅有幽灵船，甚至还有一个庞大的幽灵船队。听起来这仿佛是天方夜谭，比幽灵船更加神秘莫测。

英国媒体曾报道过史上最庞大"幽灵船队"。这个船队规模巨大甚至超过美英海军。它们聚集新加坡海岸，奇怪的是船上既没有人也没有货物，这究竟是什么原因呢？难道真的是幽灵在作怪？一连串的疑问引起了世人的关注和猜测。

最初的幽灵船队是出现在一张照片里。那是英国 SINOPIX 图片社记者理查德·琼斯所拍摄的。英国记者采访他时，他说自己是在去新加坡探险时发现了"幽灵船队"。当时他看到近 500 艘船停在那里，这些船一律没有船号和牌照，也看不见船员。随

◎ 传说中可怕的幽灵船

行的人们也不知道它们属于哪个国家，从哪里来或者将驶向哪里。他便决定把这些船拍下来，但是当地一些部门却百般阻挠，不允许拍照，并且禁止他靠近这些船。理查德作为资深的摄影记者，想要拍照片自然是使出浑身解数，他去租了架飞机在空中航拍，终于拍下了这张珍贵的照片。

随着照片的迅速传播，这支船队也被认为是航海历史上最神秘最庞大的"幽灵船队"。

人们猜测那些船可能是因经济危机而破产的航运公司抛弃在那里的。但是据报纸报道，由于白天阳光反射，可以清楚地看到一些船上标示着巴拿马和巴哈马的旗帜。经过考察后证实，一些船只属于世界上著名的大型船运公司。

当地渔民说："我不明白这些船为什么会在这里集聚，有集装箱船、散货船和油轮，而且上面似乎没有船员。有些船在

## 知识链接

## 日本幽灵绘画

日本的浮世绘非常有名。浮世绘分为肉笔画与版画两种，肉笔画是以纸或绢本的手绘彩图，版画则是以木刻制作。浮世绘的表现手法细腻写实，其纯熟练达的线条、丰富洁净的色彩、自由发挥的图案，不仅在日本艺术里占有很崇高的地位，对西洋近代美术史也影响很大。在这些绘画中，有很多是展现了人们对幽灵的想象。在圆山应举、河锅晓斋到葛饰北斋、歌川国芳等人创作的浮世绘当中，可以很清楚地看到形形色色的幽灵模样，虽然他们的作品风格不尽相同。后人把这些幽灵画搜集成一本很精致的《日本幽灵名画集》。要了解日本人想象中的幽灵，这本书提供了一个方便的捷径，通过浮世绘不仅可以看到幽灵在日本人的心中留下的形貌，更可以透过画册的浏览与形形色色的幽灵相遇。这些描绘幽灵的绘画里，其实隐藏了许多对另一个世界的想象，也展现过去的人们丰富的精神生活。

停留了几个星期后悄然离开。它们就像真的鬼船或'幽灵船队'，我们都有点害怕。"他们虽然在这里生活了很久，但也从来没有看到过这么多船，也不知道为什么这些船会突然来到这里，船上也没有人。谜底至今无人知晓。

◎ 日本幽灵画之海妖主

# 3 神出鬼没的幽灵岛

  一听到幽灵岛这个名字想必大家都会不寒而栗。那么幽灵岛究竟有没有幽灵呢？这个名字又是怎么来的呢？人们一般把那种时隐时现，出没无常的岛屿称为"幽灵岛"。如在南太平洋的汤加王国西部海域的小拉特岛。据历史记载：公元1875年，它高出海

◎ 火山岛。在幽灵岛中最典型、最神奇便是火山岛了，它有了"幽灵岛之王"的称号

◎ 冰岛

面 9 米 ; 1890 年, 高于海面达 49 米 ; 1898 年, 该岛消失, 沉没水下 7 米 ; 1967 年, 它又冒出海面 ; 1968 年, 它又消失了 ; 1979 年, 再次出现……

"幽灵岛"在爱琴海桑托林群岛、冰岛、阿留申群岛、汤加海沟附近海域曾多次发现过。在幽灵岛中最典型、最神奇便是火山岛了, 因此它就有了"幽灵岛之王"的称号。这些岛屿不同于那种热带河流上常见的, 由于涨水或暴风雨冲走部分河岸或沼泽地而形成的漂浮岛。到底是什么原因令这个小岛可以如此神出鬼没呢？
目前仍是个谜！

　　在西方航海史上曾多次出现这样的怪事。
1707 年，英国船长朱利叶斯在斯匹次培根群
岛以北的地平线发现了一块陆地，奇怪的是
这块陆地始终无法接近。200 年后，乘"叶
尔玛克"号破冰船到北极考察的海军上将玛
卡洛夫与他的考察队员们再次发现了一片陆
地，而且正是朱利叶斯当年所见到的那块陆
地。1925 年，航海家沃尔斯列依经过该地区
时，也曾发现过这个岛。它是由英国探险家
德克尔斯蒂发现的，也因此被命名为德克尔
斯蒂岛，盛产海豹。大批的捕捉者来到了这
个盛产海豹的岛上，并建立了修船厂和营地，
但此岛却在 1954 年夏季突然失踪了。

　　这样的事情又再一次出现了。1831 年 7
月 10 日，一艘意大利船在途经西西里岛附近
时，船长突然发现在东经 12° 42′ 15″、北纬
37° 1′ 30″ 的海面上有一股巨大的水柱喷涌
而出，接着水柱刹那间变成了一团 500 多米
高的烟柱，并在整个海面上扩散开来。船长
及船员们从未见过如此景观，立刻被惊得目
瞪口呆。8 天以后当这只船返航时，一座小岛
在浓烟和沸水中从海里奇妙地诞生了。大量
的红褐色的多孔浮石和死鱼漂浮在岛的四周。
10 多天后这里不断地伸展扩张，周长扩展到
4.8 公里，高度也由原来的 4 米长到了 60 多米。
由于这个岛屿的特殊的地理位置，立刻引起

◎ 撒哈拉沙漠。有科学家解释说，"幽灵岛"的出现和撒哈拉沙漠有关

了各国的注意，于是便有大量的科学家前往考察。但奇怪的事情发生了，正当人们忙于绘制海图、测量、命名并多方确定其民用、军事价值时，小岛却突然开始缩小，并且越来越小，在小岛生成后一个多月，它已经缩小了87.5%；又过了两个月，该岛已完全消失了。奇怪的诞生，奇怪的消失，却没有人能够说清楚到底是为什么，只能任由人猜想。

◎ 有人认为，幽灵岛的消失和海啸也有关系

◎ 海底火山喷发

　　幽灵岛便是这样，来无影去无踪，关于幽灵岛的出现有以下三种说法，虽然各有各的道理，但都不能说明，为什么有些小岛会一而再、再而三地"耍把戏"捉弄人呢？这是一个难以解开的谜团，始终困惑着科学家。

　　法国科学家对"幽灵岛"的成因作了如下解释：由于撒哈拉沙漠之下有巨大的暗河流入大洋，巨量沙土在海底迅速堆积增高，直至升出海面，因此临时的沙岛便这样形成了。然而，暗河水会出现越堵越汹涌的情况，并会冲击沙岛，使之迅速被冲垮，并最终被水流推到大洋的远处。

　　美国的海洋地质学家京利·高罗尔教授却提出了完全不同的观点。他认为海洋上的"幽灵岛"的基础是花岗岩石，而并不是

由泥沙堆积而成。它形成的年代已经很久，岛上之所以被汹涌的暗河流冲击而不垮，是因为上面有茂盛的植物和动物群起到缓冲的作用。

那么"幽灵岛"为什么会突然消失呢？他认为"幽灵岛"出现的海域是地震频繁活动的地区，海底强烈的海啸和地震使它们葬身海底。

还有人推测这些"幽灵岛"是由古生的冰构成，后来最终被大海所"消灭"。多数地质学家认为可能是海底火山喷发的作用形成此类小岛。他们认为，有许多活火山在海洋的底部，当这些火山喷发时，喷出来的熔岩和碎屑物质在海底冷却、堆积、凝固起来；随着喷发物质不断增多，堆积物多得高出海面的时候，新的岛屿便形成了。有的学者认为，小岛的消失是因为火山岩浆在喷出熔岩后，基底与海底基岩的连接不够坚固，在海流的不断冲刷下，新岛屿自根部折断，最后消失了。有的学者认为，可能在海底又发生了一次猛烈的爆炸，使形成不久的岛屿被摧毁。还有学者认为，是火山活动引起地壳在同一地点下沉，使小岛最终陷落。

# 心灵中的幽灵

　　心理因素偶尔会造成人的错觉，但幽灵是否真的只是人们自己的错觉呢？躲藏在人心灵深处的幽灵会给人们的生活造成什么影响呢？真真假假的幽灵萦绕，谁能将真相看清楚呢？

# 1 环境造成了错觉

事实上，已有科学家称幽灵并不存在。既然如此，那到底是什么原因使人们深信幽灵的存在呢？

许多人也许都有过这样的感觉：好像有东西在旁边走动，而且还发出奇怪的声音，但后面其实并没有人。这又是怎么回事呢？

有人认为，这都是环境使然，根本不是什么幽灵作祟，世界上并没有幽灵和超自然现象。当人们身处

◎ 人们认为，幽灵会从坟墓里爬出来

一些特殊环境，如遇到变化不定的照明、寒冷的气流时，人们就会产生一种不安的感觉而误认为是幽灵在捣鬼。人们口中的"幽灵屋"、"鬼屋"，是因为类似的环境变化不断地出现，于是人们才认为是幽灵在作祟。

　　英国科学家曾对超自然现象开展过大规模的调查。在调查了幽灵频繁出现的地方后，科学家认为那些让人毛骨悚然的地方并非名副其实的"幽灵屋"。那里所谓的幽灵活动，其实都是磁场、照明设备、气流等原因形成的。世上并没有幽灵和超自然现象，人们认为存在幽灵的地方往往位于磁场发生明显变化的地方或

◎　昏暗的路灯下走夜路的人多会有这样的感觉：旁边好像有东西在走动，脊背发凉，后面有人呼气，但其实后面并没有人

◎ 伦敦西南部的汉普顿宫，据说这里是阴魂不散之地

气流通过的当口。

　　据说，英国汉普顿宫里一向是阴魂不散，幽灵常现。传说中，这是1542年被砍了头的凯瑟琳·霍华德的幽灵和亨利八世第五任妻子凯瑟琳·霍华德的幽灵在作祟。英国科学家通过观察检测发现，那些传说中幽灵经常出没的地方，例如

厅廊和拐角处，往往有特别强烈的磁场。正是这种磁场对人脑的活动产生影响，在人脑中形成一种异常真实的感觉，仿佛身边有人在呼吸、走动、喃喃细语。

次声波也是"幽灵"形成的原因之一。考文垂大学的科学家维克·坦迪也曾经遭遇过类似的神秘现象。一天晚上，当坦迪独自一人在实验室工作时，突然第六感告诉他似乎有东西在朝他靠近。那是一种非常特别的感觉，好像一个神秘的气场一样慢慢地挨近他，随着它不断地接近，坦迪的感觉也越来越明显，他甚至能感觉到那个东西逐渐长出手、脚来，伸手就能抓到他。坦迪扭头试图去看个清楚，但那个东西却在他扭头的瞬间就消失了。后来，这个东西还多次"造访"，但坦迪都没有机会一睹它的真容。

这也许就是传言中的鬼魂，但坦迪并不这样认为，他试图

知识链接

## 凯瑟琳·霍华德的幽灵

凯瑟琳·霍华德是亨利八世的第五任妻子，她因与朝臣托马斯·卡尔佩珀发生婚外情被告密通奸，被关在汉普顿宫内。凯瑟琳一度向亨利八世请求，但遭到拒绝，很快便被送上了断头台。从此，汉普顿宫内怪事不断，许多人声称听到凯瑟琳临死前绝望的叫喊声。直到21世纪之初，还有人在汉普顿宫拍到一个带着斗篷的鬼影，这似乎更加印证了闹鬼的传闻。

从气流、空气运动的角度对这一现象做出解释。通过一番寻找之后，他终于找到了"鬼魂"所在——实验室里有一个大排气扇。坦迪猜测，排气扇制造了一种人耳听不到的低频率声波，也即次声。关于次声对人类的影响，科学界早有研究，根据美国航天局的研究结果显示，低频次声会引起人呼吸急促，使人产生一种不安感，这种不安感又会衍生出许多怪异的感觉，甚至是幻觉。为了证实他的这一发现，坦迪做了一个实验，在实验中，他给听众播放一段音乐，其中混入了次声。结果听众对有次声部分的反应十分强烈，表现出焦虑、不安、恐惧等情绪，进一步证实了次声对人情绪的影响。

　　环境与心理暗示交互作用，也会产生幽灵。有一些神秘的地方，那里既没有强烈的磁场，也没有次声波，但却频频地"闹

知识链接

## 什么是次声波

频率小于 20 赫兹的声波叫作次声波。次声波可以通过自然现象和人类的活动而产生，如火山爆发、海啸、龙卷风、海上风暴以及汽车飞驰、建筑物的晃动、鼓风机、搅拌机、扩音喇叭等的发声等，都可能产生次声波。人耳听不到次声波，但却容易受到它的影响，一些次声波的频率与人体器官的震动频率接近，容易与人体器官产生共振，对人体造成一定程度的伤害，轻则会使人产生头晕、恶心、精神沮丧等现象，重则昏迷、精神失常甚至死亡。

◎ 这令人毛骨悚然的楼梯会使人感到恐惧，于是就常常会想到幽灵

鬼",这是为什么呢？

在苏格兰的首府爱丁堡,就有这么一处神秘之所,它位于爱丁堡南大桥下面,这里阴暗潮湿,是许多穷苦人的栖身之所,也曾是一群盗墓分子的藏身之地。这些盗墓分子将尸体从坟墓里挖掘出来之后,就藏着这个桥洞里。在这个黑暗无比的地方,许多人声称在这里见过鬼魂。

心理学家理查德·怀斯曼发现这里是一个绝好的实验环境,于是,他在这里发起了一次大型的鬼魂调查活动。参与这次活动的共有218人,每个人被要求独自在桥洞里待上10分钟,并汇报他们的感受。

大量奇怪的事情发生了。有的参与者觉得自己的手臂有灼烧的感觉,但自己明明离蜡烛很远;有的参与者听到耳边有人在喃喃细语,好像在呼唤自己的名字;有的参与者感觉有东西与自己擦肩而过,浑身瞬间一阵冰凉;更为神奇的是,有人看见一个鞋匠在认真地修补一双鞋子……

但经过探测证明,这个桥洞里既无磁场,也无次声波,红外线摄像机拍摄的结果也显示,整个实验过程中,除了参与者,桥洞里空无一人。怀斯曼由此推断,所谓的鬼魂之说,其实不过是环境与心理暗示的结果。桥洞阴暗的环境,加上桥洞闹鬼的传言,会让人不自觉地产生心理暗示和想象,这种想象会对人的感觉产生很大的影响。

伦敦大学的李兆平教授认为,模糊的环境比清晰的环境更容易看出一些东西。为了揭示环境对人的影响力,他还组成研究小组进行了研究。李兆平教授让18位参加实验的人盯着一个电脑黑屏。每当响起蜂鸣声的时候,他们就要靠按键来记录自己是否在屏幕中央看到了一个很小的、模糊的灰色"目标"矩形。其实这个矩形并非每次有蜂鸣声时都会出现,即使出现其显示时间也只有80毫秒。负责调查的李兆平教授认为,人们

◎ "阴森恐怖"的幽暗环境

会更容易发现出现在一列类似的灰色矩形当中的"目标"，而不是明亮的白色矩形当中。然而，在"目标"没有出现的时候也有人记录自己看到了"目标"。之所以如此，是因为人们在模糊的环境下更易于看到一些模糊的东西，而且还会自我暗示东西的存在。通过研究，李兆平教授等人得出了这样的结论：人的大脑在光线不好的情况下会误导人看到一些实际上并不存在的东西。此外，李兆平教授还把幽灵和抽象画作联系在了一起。他认为，抽象画作的细节都是非常模糊的，其价值正是这种模糊性让观赏者能充分发挥想象力，并通过想象去填补空白。在生活中，幽灵也是这样产生的——正是由于视觉的模糊才导致

◎ 欣赏抽象画的时候，观赏者能够充分发挥想象力去填补空白

人们联想到了幽灵。

英国《每日电讯报》有一篇文章清楚地指出：虽然没有人对幽灵进行系统的研究，但神经学家已经认定那都是人自己幻想出来的。环境对人的心灵是有影响的，所以幽灵鬼怪总在阴森恐怖的、幽暗的环境中出现就不难理解了。其实，幽灵只是环境的产物，是我们的眼睛欺骗了自己。

知识链接

## 灵魂摄影机

英、美两国科学研究分析灵魂学历时已久，不少知名学府的学者都专注于此项研究。为了研究灵魂是否存在，英国人还研发了一种特殊摄影机。

一名醉汉驾车超速发生车祸，医生宣布急救无效。于是，此人被送至实验室进行实验，并用特殊摄影机以录影方式全程拍摄了醉汉断气的全过程。当醉汉的脉博、心跳、呼吸全部停止时，屏幕上开始有光圈浮起，而且画面无法集中、异常散乱，处于极端动态的变化之中。之所以如此，可能是由于酒精麻醉神经系统，导致意识迷糊所致。醉汉的意识脱离肉体时，因为喝醉了酒的缘故所以才会十分散乱。

# 2 幽灵心理学

　　荒凉的墓冢不仅仅是掩埋逝者躯骸的地方，更是生者思念逝者的地方。人们之所以愿意相信幽灵的存在，其实也是一种念想，是人们对逝者的一种期望。

　　在安徒生童话中，卖火柴的小女孩问祖母："人死了以后，会去哪里呢？"

　　祖母说："人们死后就会变成天上的星星，一直住在天上"。

◎ 卖火柴的小女孩

临终前，祖母还卖火柴的小女孩说："我没有离开你啊，我变成天上的星星每晚都会陪你入睡。"

于是，祖母便成了小女孩的牵挂，所以她幻想着变成另一颗星星，跟祖母一起上天堂。从祖母的话里，卖火柴的小女孩知道人死后会变成天上的星星，而且永远住在天上。所以，在女孩幼小的心里对死亡的恐惧会得到缓解。虽然祖母离去是件难过的事情，但是至少她的哀伤、思念有了寄托。对卖火柴的小女孩来说，天上的星星让她能思念祖母。和她一样，其实幽灵也是人们思念的一个载体。人们不是客观地接受幽灵的存在，更多的是主观上接受它。

幽灵有时候只是一种幻觉，那些痛失挚爱、亲朋好友的人，往往会因为思念过度而出现幻觉，看到逝去的人，并与之对话。瑞典哥德堡大学的啊涅塔·格林比发现，在丧偶的老年人中，有80%的人会在最初的一个月里，产生与逝者相关的幻觉。大多数人痛失至亲后，可以从幻觉中得到一些安慰。

人们为了念想会主观上接受幽灵的存在，而且还会接受灵魂转世的说法，这样可以使人们有所寄托。当人看到自然界的蛹破茧成蛾时就会臆想：人死后，灵魂应该还在吧，他们会去投胎变成人，如此反复轮回。

幽灵的说法之所以会历经几千年仍被流传下去，也是因为人们潜意识里的愿望。"十八层地狱"人们并不陌生，因为这是小说和电影里经常

◎ 人们看到自然界的毛毛虫结成蛹，再变成飞蛾，不禁臆想：人死后，灵魂还在，再去投胎变成人

出现。人们大多认为，坏事做多了就会被打入万劫不复的地狱。其实，"十八层地狱"的说法是人们希望有"因果报应"而产生的。人们希望那些作恶多端的人在活着的时候没有报应，所以在死后遭报应下十八层地狱。

"就算做鬼我也绝不会放过你！"这是在电影、电视剧中经常出现的台词，而且现实生活中也有人会这样说。其实，这是一句怀着极大怨恨的诅咒。显然，说这句话的人希望自己死后会化身成恶灵报复对方。这就是人们常常说的因果报应。一个人如果真的做多了坏事，幽灵真的会找上门吗？有人会害怕真有因果报应，担心幽灵找上门，其实这只是人良心不安，是人们自己做贼心虚罢了。

在《红楼梦》中，王熙凤的命运随着贾府的兴衰而升沉，她生性要强，要面子，将心里的气、愧、辱全都严严实实地藏在内心，不让外人看见一点端倪。她内心的"我"长期被压抑封存，无异于一种残忍的自我虐待，直到最后，造成心理阴影酿成严重的心理痼疾，在她生命的最后阶段，眼前不断地出现鬼魂来索命，这其实是一种心理压抑的释放。

◎ 游戏中的炼狱

一次是她在恍惚中看见尤二姐前来索命，她终于卸下人前的面具，对尤二姐忏悔道："我如今也后悔我的心忒窄了。"这是《红楼梦》中，王熙凤难得一见的低头认错，也是她掩埋在内心一直未吐露的忏悔之词。后来，王熙凤又见一男一女要上自己的炕，她大叫着"哪里来了一个男人跑到这里来了！"待丫鬟闻声过来，她睁眼一看，幻觉又消失了。她心里明白，这是当年弄权铁槛寺逼婚致死的那对恋人，其实她心存愧疚，但人前却要强撑出一副强人的姿态，"惟恐落人褒贬"，如今在极度虚弱中终于通过幻觉投射出来。所以，她眼中的鬼，其实是一种心病，一种心里对逝者的不安、愧疚，引得她终日惴惴不安、担心受怕，惟恐鬼魂前来讨债索命。

从这个角度来说，鬼其实在人的心里，当一个人做了亏心事内疚、悔恨时，就在心里埋下了一个因，但又不愿意面对它、承认它。一旦有风吹草动，心里的鬼就会被唤醒，让人变得疑神疑鬼。中国有句老话：不做亏心事，不怕鬼敲门，说的就是这个道理。

很多人都有过一种恐怖的、难忘的体验——梦魇。其实，梦魇还有一个更为贴切的叫法，即"鬼压床"。人们在熟睡或者半清醒状态遭遇梦魇的时候，就像有人猛地一下扑到自己身上，而且身体马上就不能动了，连眼睛也没办法睁开。最初人们不知道如何解释这种恐怖的经历，自然将它归于幽灵或鬼做怪，于是便有了"鬼压床"的叫法。

其实梦境心理，也是"幽灵"存在人们心中的原因。梦境中人们潜意识里看到了东西，但不知道自己具体看到的东西是什么。所以人们在遭遇梦魇的时候就会很恐怖，觉得是幽灵作祟，是"鬼压床"。

◎  如果将人类的整个意识比喻成一座冰山的话，那么浮出水面的部分就是属于显意识的范围，水下的则是潜意识的范围

　　既然人们相信人死后会变成灵魂，为何会对幽灵产生恐惧呢？

　　其实，这是因为原始时期人们生活的自然环境中面临的危险很多，为了生存和发展而产生的反射逃避行为。当人们遇到危险时就会感到恐惧，会在逃避、防御、攻击中进行选择。

　　然而，有时候人们对于恐惧事物的预期超过了恐惧本身，所以一旦遇到令人恐惧的时候甚至无法做出任何行动。许多人

对幽灵最初的认知，大部分是来源于自己的生活。从某种意义上说，每个人的心里都住着"幽灵"。有些"幽灵"在心底扎根生长，偶尔出来捣乱，但有的"幽灵"却会随时间的流逝渐渐消失。

心理学鼻祖弗洛伊德认为，幽灵只是人们把内部的恐惧转化为外在的现实。人们需要逃避来自内部的焦虑，无法逃避时人们就会把危险投射到外部现实，形成恐惧。人们常说疑心生暗鬼，可见幽灵是由心生的。人总是喜欢自己吓自己，觉得幽灵无处不在。

干尽坏事的人担惊受怕，可是有的人在杀生的时候也会害怕。比如有人煮鱼的时候，总是战战兢兢剁掉了鱼头才敢烹烧；有人觉得晚间翠绿的大树会化身成妖魔向自己扑来；有的人害怕漆黑的房间，所以喜欢开着灯睡觉；有的人夜间不敢在黑暗

知识链接

## 什么是潜意识

在《精神分析学》理论中，心理学家西格蒙德·弗洛伊德首次提出了潜意识的概念。潜意识又称"宇宙意识"、"右脑意识"，是相对于"意识"的一种思想，是潜藏在人们一般意识下的一股神秘力量。弗洛伊德认为，人类有一种本能，也就是追求享受的、满足的、幸福生活的潜意识。虽然这种潜意识摸不着看不见，但却在不知不觉中一直控制着人类的言语行动，而且这种潜意识在适当的条件下可以升华成为人类文明的原始动力。可以这样讲：若将冰山比喻成人类的整个意识的话，隐藏在冰山底下95%的意识就是属于潜意识的力量，显意识的范围仅仅是浮出水面的那5%。

的楼道里逗留，总觉得身后有双的眼睛盯着看……凡此种种害怕、担心的事情都是人自己心里臆想出来的。所谓信则有，不信则无，当你心中不想幽灵时，它便不存在了。从心理学角度来说，这是一种心理暗示。在心里想太多"幽灵"就真的变成了幽灵。

# 3 幽灵折射现实

◎《红梅记》剧照

文学作品中的鬼神形象不是凭空臆造的，它们反映了作家对现实的诉求。为了发泄自己的不满情绪，揭露现实社会的残酷，作家通常会在文学作品中借助幽灵鬼神来影射社会现状。

鬼神可以任人想象成拥有比凡人更强大的力量，所以才会出现在文学作品中，而且还是作家们精心安排的。其实，鬼神是作家表现故事的一种手段，是作家直接用来帮助自己完成现实中不能完成的某些心愿的载体。在一些作品中，作者笔下的鬼神并没有让读者产生敬畏之感。中西作品中透露出的鬼神主义其实存在着许多相似性，包括鬼神对现实的指示性、在剧中的作用以及鬼神所表现出的浓厚人情味等。

在中国古代戏剧中，有大量描写鬼神的作品，有关神佛形象、鬼魂形象的作品更是数不胜数。例如，元杂剧《窦娥冤》里窦娥受冤屈而死，她的鬼魂最后在公堂上指证罪人，报了大仇；《红梅记》中李

◎《窦娥冤》剧照

知识链接

## 《牡丹亭》

《牡丹亭》原名《还魂记》，也称《还魂梦》或《牡丹亭梦》，是明朝剧作家汤显祖的代表作之一。该剧描写了杜丽娘和柳梦梅的爱情故事，歌颂了他们坚决反对封建礼教，大胆追求自由爱情的精神；揭露、批判了封建礼教的残酷和虚伪。在舞台上常演的有，《闹学》《游园》《惊梦》《寻梦》《写真》《离魂》《冥判》《还魂》等几折。《牡丹亭》与《窦娥冤》《西厢记》《长生殿》并称中国四大古典戏剧；与汤显祖的另外三部作品《南柯记》《紫钗记》《邯郸记》并称为"临川四梦"。

《牡丹亭》里的杜丽娘游园惊梦之后，《诗经》中的爱情唤醒了她沉睡的青春，她在梦中接受了柳梦梅的爱情。然而，父亲的门第观念使她在现实中找不到梦中情人，郁郁寡欢而死。杜丽娘死后灵魂不灭，获得四处游荡的权利。最终，她找到了岭南书生柳梦梅，并与他结合在一起……

◎ 舞蹈剧《牡丹亭》剧照

慧娘与裴舜卿一见钟情，被贾似道残忍杀害后鬼魂依然迷恋着
裴舜卿，最终她还是逃出了贾似道的魔掌。在中国描写鬼神的
故事中，最为出名的莫过于《牡丹亭》。

　　在故事中，汤显祖借助鬼神的形象，指责当时社会压抑人性、
僵硬的封建礼教等弊端。通过这个故事，痛斥父母只重视表面
的荣耀，不珍惜子女的感情，而年轻人只有在梦中才能有自由、
美好的爱情。

　　杜丽娘生前是深受封建制度束缚的女子，感情受压抑，行

◎ 汤显祖纪念馆

为受限制，但却无力抗争。在《牡丹亭题词》中，汤显祖写道：
"情不知所起，一往而深。生者可以死，死可以生。"杜丽娘在
成为鬼魂时反而获得了新生，她那颗向往自由爱恋的心彻底摆
脱了封建礼教的束缚。当杜丽娘成为鬼魂，面对地下的统治者
阎罗王时，她据理力争，还唤来南安府后花园花神。最后，判
官将她记在断肠簿上，并发给她一纸游魂引路，让她在阴间自
在游荡。她从《谒遇》、《冥盼》到《回生》，执拗地返回阳间
追寻梦中之情。走出鬼门关之后，杜丽娘已不再是当初那个软
弱的小女子了，她已经浴火重生，死而复生的她更珍惜这份
来之不易的感情。当婚事遭到父亲反对时，她理直气壮地说：
"真乃是无媒而嫁，保亲的是母丧门，送亲的是女夜叉。"她不

◎《牡丹亭》游园惊梦图

再是那个受封建礼教束缚的女子，她敢于与父论理，非当年那个一味顺从的女子。在当时的父权社会，她的这份胆识是令人惊讶的。在地狱走了一遭，死都经历了，她还怕什么呢？汤显祖通过浪漫主义的戏剧构想来暗示提倡个性解放、反对封建礼教的态度，这样的爱情描写具有过去一些爱情故事所无法比拟的时代特色和思想高度。在当时，这个故事是非常先锋的。因为它的爱情是叛逆的，剧中杜丽娘坚定执着的性格是通过追求爱情表现出来的。她为情而死，为情而生。她的死是当时青年女子追求爱情的真实写照，而死而复生、鬼魂托梦，都是她超越现实束缚的手段。在当时严苛的社会条件下，女人要想追求自由是绝对不可能的。

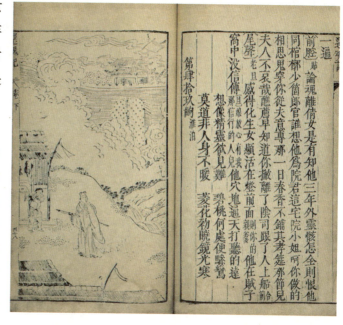

◎ 汤显祖所撰《牡丹亭书影》

在《牡丹亭》中，杜丽娘即使是死亡也不能征服其原有的气质和美。《牡丹亭》里，地府中的判官、小鬼们见惯了丑陋、残缺，可当明眸皓齿的杜丽娘出现在地府的时候，他们受到了极大的震撼。从人到鬼神，可能是生命的终点，但也可能是某种精神能量的开始，像汤显祖笔下的杜丽娘就是在经历生死后成为拥有更为旺盛的精神能量的典型。

在《牡丹亭》中，无论是阎王、花神，还是杜丽娘的鬼魂形象都成了谱写这曲爱情故事的关键形象。

◎《哈姆雷特》电影海报

阎王是决定杜丽娘能否还阳的判官；花神是"红娘"的角色，即为男女主角牵线搭桥的纽带。如果没有这些鬼魂角色，主角怎能谈情说爱；如果鬼魂不能死而复生，那么终究将是一场悲剧，一场空；没有鬼神的辅助，杜丽娘尝尽生死而情不变的故事也将无法进行了。

在西方，较著名的鬼神作品是莎士比亚的著名悲剧《哈姆雷特》。该剧取材于12世纪的《丹麦史》，剧中的故事发生在中世纪的封建国家丹麦。虽然该剧讲述的是好思索、有理想的人文主义者丹麦王子哈姆雷特为父复仇的故事，但却真实地描绘了文艺复兴晚期欧洲社会的真实面貌，表现了作者对人的命运与前途的深切关注、对文艺复兴运动的深刻反思。

在《哈姆雷特》中，有反对暴君、反对篡夺王权、拥护君主政体、维护人的价值与尊严、批判恶势力等表现现实的内容。莎士比亚先后几次让鬼魂出现，不仅强化了悲剧气氛，而且增添了剧作的神秘色彩。第一幕中，在城楼上，有两个人发现了哈姆雷特之父的幽灵；后来，哈姆雷特终于看到了父亲的幽灵，幽灵还告诉哈姆雷特自己惨遭暗害的秘密，这成为推动哈姆雷特复仇的动因。剧中的幽灵与其他角色一样，有着鲜明、丰富的性格，例如他在教导哈姆雷特如何复仇时，依然能让人感受到父亲的正直和对哈姆雷特刻骨铭心的爱。

　　在鬼神形象的塑造上，莎士比亚借鬼写人，通过描写鬼魂表现人的精神，这使戏剧中的鬼魂又多了几分人情味，甚至比人还更有人性。在哈姆雷特心中，父亲是一位慈爱而伟大的国王，是一位"天神"，正是他让哈姆雷特对人的尊严、价值有了深刻的理解。然而，这位像"天神"般的人却被凶狠恶毒的兄

◎　复仇的丹麦王子哈姆雷特

弟残忍地杀害,他的位置也被取代了。为了自己的利益而不惜谋害自己的亲人,现实的人没有人性,凶恶残忍,而鬼却比人更高贵。

莎士比亚在作品里除了描写凶残的人性外,还借幽之口灵诉说现实的隐患,这体现了幽灵不可替代的作用,而且巧妙地运用幽灵现身推动了故事的发展。在他的作品中,几乎都有这类不可替代的幽灵存在。例如,他在《暴风雨》中塑造的缥缈的爱丽儿、埃利斯、朱诺、水仙女等精灵;在《仲夏夜之梦》中塑造的仙王奥白朗、仙后蒂妲妮霞、蛛网、豆花、飞蛾等小神仙形象;在《麦克白》中塑造的班戈的鬼魂、三个有魔法的女巫及其他幽灵形象

◎ 画家约翰·亨利希·菲斯利描绘的《仲夏夜之梦》第四幕场景

等。与古希腊时期戏剧中的神
灵不同，莎士比亚戏剧中的
鬼魂神灵并不能决定剧中人
物的命运。他设计的鬼神形
象往往随着现实情节的发展
而产生，推动情节的起承转
合，使剧中的事物富有浪漫、
神奇的色彩，并增强引人入
胜的戏剧性效果。尽管如此，
他们的存在并不影响整体情
节，而是与之浑然一体，相
得益彰。

◎ 莎士比亚像

知 识 链 接

## 《聊斋志异》

《聊斋志异》，俗名《鬼狐传》，简称《聊斋》。它是清代文言文短篇小说集、章回体小说，是中国清代著名小说家蒲松龄的代表作，其艺术成就很高，堪称中国古典短篇小说之巅峰。

顾名思义，《聊斋志异》是讲述神仙狐鬼精魅等故事，其故事内容主要有以下几类：

第一，是不满黑暗社会现实的反抗故事；

第二，是人与人或非人之间的友情故事；

第三，是才子佳人式的爱情故事；

第四，讽刺不良品行的道德训诫故事。

所有的故事内容深深地扎根于现实生活的土壤之中，蒲松龄通过谈狐说鬼的手法针砭时弊，揭露了那个时代的社会矛盾，表达了人们的愿望，有力地批判了那个腐败、黑暗的社会。

# 4 人为什么怕鬼

◎《午夜凶铃》剧照

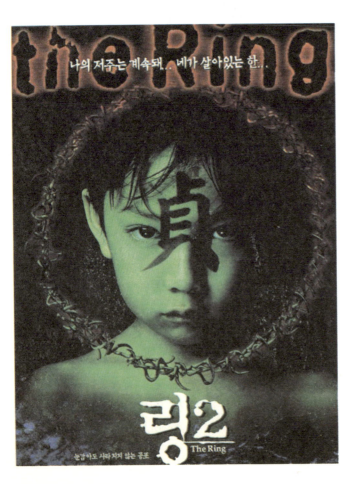

怕鬼是人类普遍的一种心理，这也是恐怖片能够吓到人的原因。但是，人为什么会怕鬼呢？

有的人说，人怕鬼杀了自己。可是有的人会反问道，老虎、狼、一把手枪，都可以置人于死地，但人在面对这些东西的时候，心里可能会有害怕，但却没有听到鬼时那种从心灵深处渗透出来的恐惧；有的人说，因为鬼都长得很恐怖，但是实际上，鬼片中的鬼一般都是美女。欧美的恐怖片中，往往有很写实的镜头，血肉模糊的脸，惨白的骷髅等等，但这些形象都不如东方恐怖片里，黑暗中传来的一个女人的叹息声更让人毛骨悚然、毛发竖立。

在日本经典恐怖片《午夜凶铃》中，我们会发现，那些死去的人无一身上有伤，但他们都露出恐怖狰狞的面容，都是被吓死的。也就是说，实际上，贞子并没有伤害他们，更没有亲手杀了他们。鬼魂既然不能伤害人，也没有杀人，那人对鬼的恐惧来自哪里呢？

让我们再回到东西方恐怖片的差别上来。正如前面所说，亚洲的恐怖片，例如日韩的恐怖片在西方美国等国家广为流行并引起美国恐怖电影的纷纷效仿，这足以说明亚洲恐怖片产生的恐怖效果。西方恐怖片写实，它们的恐怖形象往往鲜血淋漓、肢体残缺，或者就是僵尸、吸血鬼之类的脸色惨白等形象。这种形象通常会在第一眼产生视觉上的冲击，让人瞬间

◎ 这样的老屋是营造恐怖气氛的背景之一

心脏猛跳一下，但适应了之后，就没有了心跳的感觉，看多了之后，只会对那些血淋淋的镜头感到恶心。但亚洲恐怖形象则不同，在鬼魂出现之前，往往会有背景的铺垫，黑夜，逼仄幽深的老屋，忽明忽暗的灯光。主角也不会一下子就出现在观众面前，而是在幽暗中传来一声叹息、一阵嘤嘤的哭泣，或者是在拐角处露出一截衣服，若隐若现，似有似无。其实等到鬼魂真正现身的时候，并不似西方那样的面目狰狞，可能只是一个身着白衣、长发披肩的美丽女子。

看到这里，东西方恐怖片的差别就已经非常明显了，西方恐怖片通常用人类的想象所能及的方式呈现出鬼魂的形象，比如断了脑袋的身躯、被子弹打开花的脑袋等等，这些都没有超出人类的经验和想象，所以除了乍一看时的视觉冲击之外，很少会产生那种瞳孔放大、心跳加速的恐惧；而东方恐怖片在于恐怖气氛的营造，这种恐怖的气氛又通常将观众引入一个未知：幽暗中，忽明忽暗的灯火引着人通向神秘的未知，每个人的心都忐忑不安、犹豫不决，因为不知道下一刻会出现的是什么。所以，与其说人怕鬼，不如说是人对未知的恐惧。

人类骨子里就有着一种对未知的恐惧，而东方的恐怖片中营造恐怖气氛的那些道具：黑夜，忽明忽暗的灯火，都代表了一种未知和不确定。再加上音效等其他元素的辅助，往往会产生荒诞、不可理喻的气氛，这种超出人类想象和体验的气氛，才是引起人内心最深层次恐惧的根本原因。

当人被人用枪指着头时，当人面对凶狠的狼时，

◎ 面对这样凶狠的狼时人也会恐惧

当人不慎从高处坠下时，他心里会有害怕有恐惧，但这都不同于面对鬼魂时的恐惧。但是，鬼魂的出现却颠覆了这一切，他可以穿墙而过，他可以随时消失，还可以漂浮在空中，人在面对一个鬼魂时，该如何保护自己呢？人类似乎还没有找到很好的自我保护的方法，尤其是很多鬼片中，鬼都是透明的，一拳打过去，人只会扑个空。这个时候，人所有的经验和想象都已经不能提供一种可以对付鬼魂的方法，一种未知的恐惧如大雾一般包围着人，犹如黑洞一般吞噬了人。人可以被枪打死，可以被猛兽咬死，但不会被它们吓死，但人却可以被鬼吓死。

所以，了解了恐惧的根源之后，人会通过两种方法来消除对鬼的恐惧，一种是求助于宗教。在许多影视作品中，戴上一个护身符或者是十字架之类的物品，借助宗教的力量来缓解恐惧。这是因为人类从宗教里获得了安全感，获得已知。另一种方法是人多的时候，对鬼魂的恐惧会减轻。原因在于，人是可知的，可以理解的。这也是为什么在恐怖片中，往往主角都是

单独行动的。所以，一旦人对自己赖以信仰的宗教产生质疑，或者其他人变得荒诞难以理解的时候，那种对鬼魂的恐惧又会重新笼罩着人类。

关于鬼魂的信息，人们基本上都是通过影视作品、小说以及他人的描述中得知的，这些都在渲染鬼魂如何之可怕，如何之恐怖，正是靠着这种渲染，才让人对鬼魂产生恐惧的心理。一个心智未成熟的婴儿就不会害怕，因为他还没有关于鬼魂和世界的各种"已知"，从这个角度来说，人才是最可怕的，因为人创造了恐惧。

# 第六章
# 幽灵飘浮在影视中

刺激、神秘的幽灵，启发了无数导演的灵感，他们用幽灵的故事来演绎世间人情百态，构造一个个恍若梦境的世界。

# 不舍离去的爱人——人鬼情未了

莫莉：我爱你。我是真的爱你。

萨姆：我也是。

这是美国电影《人鬼情未了》里面的经典台词。

《人鬼情未了》是一部爱情片，同时也是一部幽灵片。直至今日，它依然深深地打动着观众的心。片中男主人公萨姆是纽约华尔街的一位股票经纪人，女主人莫莉是一位艺术家，他们两人本来深深地爱着彼此。然而有一天萨姆却被歹徒杀害，离开了人世，变成了一个幽灵。变成幽灵的萨姆能看见世间的一切，但别人却看不见他。后来，萨姆发现了谋杀自己的凶手叫威利。令人惊讶的是，萨姆发现是形影不离的好朋友卡尔指

◎《人鬼情未了》剧照一

◎《人鬼情未了》剧照二

使威利谋害了自己。原来，卡尔为了从事毒品交易竟然盗窃巨款，结果萨姆无意中发现后便临时改了账户密码。为了得到这个密码，卡尔才雇威利杀害了萨姆。萨姆虽然悲愤极了，但却无能为力，因为变成幽灵的他连个杯子都拿不起，而且也不能和人进行正常交流。

得知真相后，萨姆决定复仇。这个幽灵和以往影片中塑造的幽灵形象不一样，他不具备强大的能力可以直接将仇人置于死地，而需要进行周密的安排。萨姆找到灵媒黑人女巫奥达，并请求她帮助自己。在灵媒的帮助下，莫莉相信了萨姆的灵魂存在，也知道了事情的真相。为了保护莫莉、惩罚凶手，萨姆开始报复卡尔。他取出了卡尔窃取的巨款，并使卡尔的几个手下遭到了报应。卡尔气急败坏，想要伤害莫莉，但灵媒和萨姆及时赶到使得卡尔没能得逞。最终，萨姆自己报了仇，也保护了莫莉。

◎ 俗语说，猫是阴间的使者、幽灵的使者

在这部片子中，灵媒是个相当重要的角色，是萨姆和莫莉之间交流的桥梁。在西方文化中，动物对幽灵有敏锐的感觉，尤其是猫。俗语说，猫是幽灵的使者、阴间的使者。所以西方许多传奇故事里猫都起着重要的作用。传说，中世纪的女巫都会带着一只猫。在《人鬼情未了》这部影片中，

知识链接

## 猫

民间历来对猫是十分敬重的，因为它能捕鼠护家。有谚语说：猫来富，狗来贵。可见，人们把猫抬到事关家庭富裕兴旺的地步。除了对猫敬重外，人们更多的是畏惧。因为它神秘、灵巧、另类，被人们当成非常有灵性的动物。在古埃及，人们对猫的崇拜就达到了相当的高度。古埃及人认为，猫拥有游走阴阳的力量，是灵物。据民间传说，猫是会害人的，报复心非常强，所以即使是猫死了人们也不敢对其妄加轻侮。

◎ 中世纪的巫术

不仅灵媒帮了萨姆和莫莉，而且有只感觉到幽灵的存在的猫还意外地救了莫莉的命。

　　从内容上来看，《人鬼情未了》讲述的是一个普通的、生死别离的爱情故事，然而，该片的亮点在于人与幽灵之间的爱情，而且把故事设置成独特的生死、阴阳之间。人与幽灵是不可能在一起的，这个故事注定是个悲剧，所以人与幽灵终究要生死离别，阴阳相隔。如影片中所描述的那样：萨姆和莫莉在看戏回家的路上遇到了一个持枪的劫匪，在萨姆和劫匪的搏斗中响起了枪声。萨姆追着匪徒远去，然而他转身回望时却发现莫莉正抱着自己血流如注的身子。当他清晰地看到自己时，他已经彻底成为了一个幽灵。然而，他舍不下莫莉，不愿就此离去……

　　在东西方的宗教观念中，好人坏人的结局都是一样的，即上天堂或下地狱。在这部影片里，厉鬼们把卡尔的灵魂拖

进了地狱，完成心愿的萨姆则进了天堂。虽然，最后男女主人公并没能在一起，但人们却不觉得遗憾，因为这样的恋情看上去是圣洁的、神奇的，他们的爱情早已化作了永恒。该片正是借幽灵产生一系列的悬念、曲折离奇的情节，让观众沉浸在真实与虚幻之中，时而忧伤，时而欢乐，最终被主人公生死不渝的爱情所感动。也许只有这样绝望的爱情，才会让我们如此忧郁、如此悲伤、如此感动。

人鬼殊途，触不到的恋人。尽管有鬼出现，但却没有血腥、恐怖，而是感人的爱。或许这种隔得最远

## 知识链接

# 怨灵成为学界守护神

菅原道真生于日本世代学者之家，死后被日本人尊为学问之神。道真深得宇多天皇、醍醐天皇的信任和重用，并担任重要职务。然而，他最终还是被当道的外戚藤原氏谋害致死，就连几个子女也被处以流刑。道真死后，许多异相陆续出现在京都。起初，怪事发生在了天皇家里，他的皇子们一个个的都病死了。后来，皇宫的清凉殿遭遇雷击，死伤多人。惊恐不已的朝廷认为是道真的怨灵在作祟，不仅赦免了道真的罪名追赠官位，而且还解除了道真子女的流放之刑，并将他们召唤回京都。此外，因为害怕雷神是道真的怨灵，还在京都的北野兴建了北野天满宫来祭拜火雷天神。此后，道真成了天神信仰的一部分，逐渐普及到日本全国。因为道真生前是杰出的诗人、学者，所以被当成学问之神来敬拜。每到大考之时，日本的学子们为了获得好成绩，他们甚至会涌入天满宫本社或各地的分社进行祭拜，希望道真保佑他们。

◎ 菅原道真像

◎ 人鬼情未了剧照三

却又离得最近，若即若离的情爱才更逼近爱情的本质。所以，"人鬼情缘"成了很多人感所叹的故事。否则，我们也不会看到那么多交织着凄美爱情的"人鬼情未了"的电影。

# 2 活在未知的世界——小岛惊魂

一旦看到幽灵两字，就总是让人不由自主地感到害怕，而幽灵电影更是成了恐怖电影的代名词。然而，那些有血腥镜头的幽灵片可能只在当时给人小小的惊吓，但不是真正的恐怖片。

给人视觉刺激还不够恐怖，那么什么是真正的恐怖片呢？

真正的恐怖片是心理恐怖，就像《小岛惊魂》这样的电影，让你看后越想越怕。

《小岛惊魂》是妮可·基德曼主演的一部心理惊悚片，故事发生在二战期间。在一座小岛上，有一座长年笼罩在浓雾中的古宅，开门的吱嘎声、阴暗的过道、摇曳的煤油灯，所有这一切都令人感觉阴冷、恐怖。女主人公格蕾丝就带着孩子安、尼古拉斯住在这个恐怖的古宅里等待着丈夫从战场上归来。这是一座巨大的公寓，对这一家三口来说房子很大、很空，但格蕾只能这样让两个孩子得到静养。因为按照医生的规定，他们只能呆在室内，不能受到阳光的照射。于是，格蕾丝制定了许多规矩，如开门后必须立即关门，

◎《小岛惊魂》电影海报一

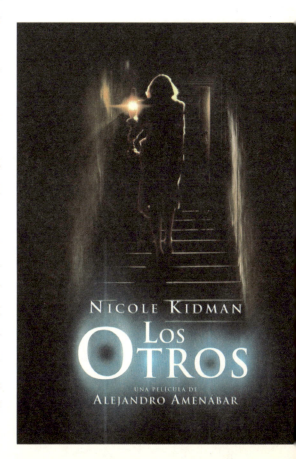

◎《小岛惊魂》剧照一

必须拉上所有的窗帘等。本来房子已经令人十分害怕了，再加上格蕾丝如此荒诞的规定，连孩子们都觉得母亲令人恐惧，他们甚至觉得母亲发疯了。

由于仆人无故失踪了，格蕾丝又聘请了三个仆人。然而，那三个仆人让人有些捉摸不定，他们来了之后发生了不少奇怪的事情：钢琴会自动弹奏，门会自动关上，而且安还说她在屋子里看到了一个叫维多的男孩……

在这座老宅里，无处不散发着令人恐怖的幽灵气息。

他们家的三个仆人会怎样？这一家三口的命运究竟会怎样呢！难道真的是幽灵围绕着他们吗？

导演并没有恶搞，影片不动声色地传递给了人们各种信息，带领人们一步步接近真相。虽然人们被眼前的恐惧紧紧包围着，但还是想要继续看下去。

◎《小岛惊魂》剧照二

◎ 南瓜幽灵

　　本片的前面部分其实并不出彩，精彩之处就在于它那出乎意料的结局。其实，格蕾丝和她的孩子们早就死去。当前线传来丈夫死去的消息时，格蕾丝无法接受这个事实，便在杀死了自己的孩子后开枪自杀了。他们之所以会看到鬼，会把别人当作不正常的人，是因为她过于留恋生前的感受，所以才阴魂不散地盘踞在她们生前居住的那幢房子里。格蕾丝认为，她才是房子的主人，她和孩子们才是正常的活人，而那些活在阳间的正常人却是入侵他们家园的鬼魂。正因为如此，所以格蕾丝才认为，那三个仆人和住进宅院的维多一家是不速之客。

在《小岛惊魂》中，关于真相的伏笔最早出现在影片的第一个镜头中：迷雾中的大房子。然后在发展的情节中不断地埋伏下一个伏笔来提醒观众，这是一部考验观众智慧的恐怖片，也是一部精彩的恐怖片。从头至尾，故事都被一个悬念强烈地牵引着，所有观众都如同被囚禁在一所大房子里，百思不得其解。

当谜底揭晓时，所有人都大吃一惊。虽然没有人料到结局，但是仔细一想，发现导演自始至终都埋了伏笔，只是人们的想象力没有丰富到如此地步，而且人们的心理和情绪都被这部电影的创意、悬念和气氛控制着，谁能想到那暗处的幽灵？

◎《小岛惊魂》海报二

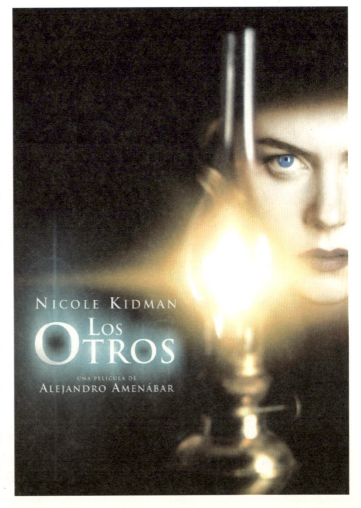

NICOLE KIDMAN

LOS
OTROS

UNA PELICULA DE
ALEJANDRO AMENÁBAR

◎《小岛惊魂》剧照三

在影片中，格蕾丝一直处于神经兮兮的紧张状态，是最先令人怀疑的对象。虽然她爱子女，却对他们异常苛刻。表面看起来，这个母亲仿佛被幽灵所缠。当仆人们在门外说"人要学着和幽灵和平相处"时把格蕾丝吓得魂飞魄散。其实，仆人的意思是格蕾丝一家是幽灵，而格蕾丝却认为自己是人。正是因为彼此所站的立场不同，所以产生了歧义。

其实，格蕾丝杀死一对儿女她自己是知道的，但她拒绝承认这个事实。于是，潜意识造出了一个虚幻的自己，并且扮演着慈母的角色。格蕾丝的第一个镜头就是从梦中尖叫着惊醒过来，因为她做了一个"噩梦"，梦见自己杀死了儿女后自杀了。其实这一切都是真实的，但是格蕾丝以为是个梦，因为她无法接受自己的罪恶行为。于是，格蕾丝潜意识里把虚幻当作了真实，又把真实当做了梦。她以上帝给了她第二次机会为借口而逃避事实，一直继续着生前的生活。她既不承认发生的一切，也不承认自己已经死了，似乎已完全忘了自己身在何处。其实，从梦到醒的过程就是由生到死的转换。

阳间维多一家为了驱逐幽灵开始招魂，估计先招的是安，所以她才能看到他们，以致受了惊吓。后来，两个孩子在夜里去找爸爸的时候发现了三个仆人的坟墓，才知道他们都不是活人。

在看电影的时候，很多人起初都怀疑三个仆人会有什么阴谋。其实，他们只是来告诉她们自己已经死亡的事实，并没有什么恶意，更没有阴谋。然而，格蕾丝太固执了，仆人多次提醒她，她都不愿意相信。最后，格蕾丝在楼上看到维多一家时再也无法伪装。尽管真相大白后，维多一家走了，但是人与幽灵之间的纠葛还未真正结束。因为还有新的人搬进来，而格蕾丝一家虽然承认了自己是幽灵，但是他们仍然

说那是他们的房子。

影片的结尾，人们不再感到恐怖。因为一切都已经真相大白，面对真实人便不会再感到恐惧。其实不愿意面对真相，这反而容易被内心的恐惧所吓到。如果不面对真相，我们将会一直感到恐怖，电影所揭示的本质还是人内心深处的爱与憎。

知识链接

## 平将门的怨灵

平将门是桓武天皇的五代孙，是日本平安时代中期武将。939 年，平将门起兵对抗朝廷，还自号"新皇"。在日本历史上，他是唯一一位自立为天皇的武士。然而，平将门的新皇美梦只做了 70 多天，最后死在了奉命对其讨伐的平贞盛的箭下。平将门死后，发生了许多奇异之事。他的嘴巴里不仅发出咬牙切齿的

◎ 神田明神神社

响声，而且还狞笑着诅咒平贞盛，还说自己不会下地狱，要复仇。此外，在平将门的老家和其首级示众的地方不断地有闹鬼的消息传出。人们不仅在晚上看见许多穿着铠甲的亡灵围绕在平将门首级周围，甚至在大白天也有人见到了平将门无头的躯体。虽然朝廷建立了平门首冢以安抚平将门的怨灵，但怨灵仍然不时作祟。后来，幕府以官方的名义为其修建了新的神田明神神社，而且还举行了盛大的迁灵祭祀。宽文三年，在幕府方面的建议下，后水尾天皇下旨赦免了平将门身前所犯之罪。明治七年，明治天皇还亲自为其献祭，平将门正式受到皇室的认可和尊崇。

# 3 幽灵的报复——异度空间

《异度空间》是张国荣的遗作，因为在演出这部戏后，张国荣就跳楼身亡了。正因为如此，《异度空间》承受了太多非议。很多人都说，张国荣在《异度空间》中扮演撞邪的心理医生演得太过投入，拍完电影后都无法自拔，产生了各种心理问题。就像电影中的女幽灵一样，他也被逼到了顶楼，最终选择了跳下去。

《异度空间》并非仅仅想说一个单纯的幽灵故事，而是要探讨关于爱、责任以及一个我们所不知道的世界。从头到尾，这部片子都没有出现过幽灵，只是男主人公自己陷入了心理困境。与其他恐怖电影所的不同是，该片始终强调幽灵是不存在的。从一开始，张国荣扮演的心理医生就告诉我们，幽灵其实并不是一种客观存在，它只是外界关于幽灵的资讯在人脑中的自然反映。在整个故事中，幽灵一直是作为心理疾病的象征物出现的。影片中章昕眼前出现的女人和小孩的幻觉，是房东凄惨故事在她

◎《异度空间》电影海报

"ONE OF THE BEST COMTEMPORARY HORROR PICS!" -Variety.

INNER SENSES
異度空間

◎《异度空间》电影剧照

头脑中的反映。孤苦伶仃的章昕缺乏依赖，心中没有值得依靠的人，所以才会被外界的资讯轻易地侵入，以至于产生了幻觉。影片中 Jim 的幻觉犹为强烈，差点将他逼到死亡的边缘。其实，片中并没有幽灵的存在。Jim 的幻觉是因为对前女友的愧疚、思念和难以言说的痛苦压抑而产生的。整部影片以幻觉为线，在大段的顺叙中插入幻觉、倒叙。在影片中，一切由心而生，那就将"一切还给心"的主题始终贯穿始终。

虽然影片中没有太多惊恐的镜头，但一些细节却非常逼真，令人毛骨悚然。比如阴暗的房间、镜中的幽灵、诡异的满脸含笑的房东等。电影深刻地反映出人心中的脆弱，心中的幽灵对现实生活的影响。饰演章昕的林嘉欣非常生动地表现了章昕的苦恼、纠结以及身上那种让人怜爱的柔弱。当观众看到章昕时，自然会联想到弱者面对强大幽灵的情景。张国荣更是将心理医生 Jim 心中那种难以言说的恐怖、痛苦、木然、创痛表现得淋漓尽致。

在劝解章昕时，Jim 说过这样的话：每个人都是脆弱的，都会有感伤、痛苦，一旦压抑太久就会形成心结，所以人最重要的是要学会自我调节、自我安慰。

其实，这一句话揭露了幽灵与心理的联系。很多时候，幽灵就是因为人的心结产生的。许多人的心中都有不可告人的秘密，这秘密保守得太久就会像石头一样压在人的心上，让人喘不过气来。章昕向父母道出自己心中的秘密后恢复了正常，而 Jim 因为不愿对人倾诉，所以他不得不痛苦地面对诞生于心里的幽灵。

在电影的前半部分，章昕被幽灵折磨得奄奄一息。在她心中，父母的婚变、对她的遗弃是永远的痛。这一切使章昕变得神经质，也导致她爱情不顺利，生活的种种挫折让她疑神疑鬼。她在心理因素的影响下开始出现了幻觉，而且多次企图自杀。心理医生 Jim 开始对她进行治疗，适时地介入了她的生活为她解开了心结，Jim 还用爱情温暖了章昕冰冷的心。章昕终于面对父母，卸下了自己

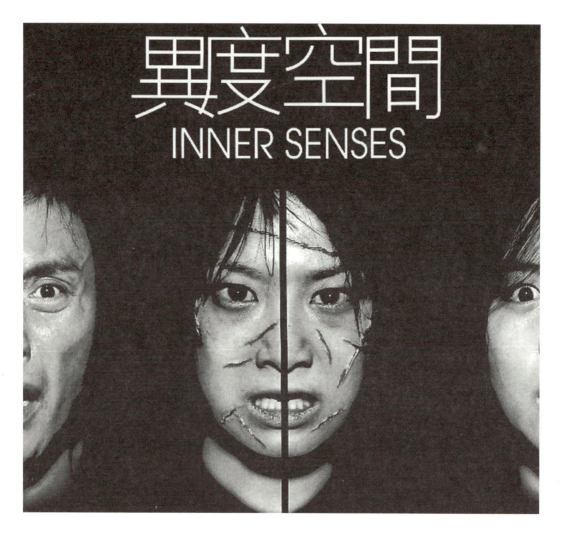

◎《异度空间》剧照

心理的面具，重新体验了幼年时期的痛苦经历，在痛苦责怨中释放了压抑心中已久的委屈、愤怒、抱怨和悲痛，也终于原谅了父母，让自己从心结中解脱出来。Jim 治疗好了章昕心里的病，可是他却治不好自己心病。在他心中，深藏着一件不可告人的往事。在中学时代，他曾辜负过一个女孩子，结果那个女孩为情所困跳楼自杀了。长久以来，女孩恐怖的遗容一直留在他的脑海中，仿佛一个阴魂不散的幽灵。深感愧疚的 Jim 谢绝一切社交活动，一直孤独地沉溺在工作当中，感受不到生活的乐趣。在给章昕治疗的过程中，Jim 心中的亡灵被唤醒了，并开始频繁地干扰他的生活。于是，Jim 开始变得纠结。游泳的时候，他甚至也能看到身穿校服的女幽灵如影随形。最终，几近崩溃的 Jim 站到了高高的天台顶。在夜风中的天台上，Jim 对尾随而至的亡灵道出了内心的折磨以及心里的忏悔，说自己情愿跃下高楼用生命来谢罪。

以解脱为结尾的最后一幕，用阳光下的两只小鸟来代表新生活。在电影的最后，张国荣饰演的 Jim 并没有从楼上跳下去，而在现实生活中他却真的跳了。这部片子是讲述人心中的幽灵，并不是真正意义的鬼片。

◎《异度空间》海报

# 4 亡灵警觉——幽灵船

所有的恐怖片都有以下特点：主人公都是处于虚弱、无力的绝对劣势地位，几乎没有一部恐怖片的主人公是负面的、邪恶的。恐怖氛围需要现实才能建立起来，所以它需要有一个立足点。惊悚氛围与现实环境，两者本来就是一对纠结难解的关系。离得太远，怕失去了可信之处；离得太近，氛围又难以烘托。也许，恐怖与现实相结合就是压抑、阴郁和恐怖的来源。《幽灵船》就是这样一部既真实，又恐怖的电影。

在电影《幽灵船》中，当看到船员一个一个死去的场景时，谁都会感到深深的恐惧和忧伤，被恐怖的场景吓得心跳加速。漆黑的世界、一望无际的未知海域，血腥的场面让人毛骨悚然。 这就是幽灵船，一艘无人驾驶、没有任何求救信号的大客船。在西方传统中，幽灵船是恐怖、神秘和飘忽不定的代名词。

究竟什么是恐怖？

恐怖应该是直指人内心的脆弱引发人深层的恐惧，《幽灵船》正是这样一部引起人深层恐惧的电影。在影片的开头，就预示了这部电影就像是海洋上的探险一样刺激、充满悬念。

1962 年，意大利豪华客轮安东尼亚·格拉撒号突然在海上消失得无影无踪。这是一艘不逊于泰坦尼克号的皇宫似的大船，是意大利航海业的骄傲，有可容纳数百人的豪华舞厅，现场乐队夜以继日地演奏，人们可以在那里尽情地跳舞，可以在宽大的游泳池嬉戏放松，能在客轮上举行奢华的酒会，吃高级厨师做的最地道的意大利美食，尽情地享受难得的海上旅行。然而，厄运并不会因此而不眷顾安东尼亚·格拉撒号，它莫名其妙地消失了，没有任何遇难求救信号，也没有与外界进行任何联络。直到今天，人们都一直在努

◎ "戈达德"号

知识链接

## 考古学家发现的"戈达德"号

2009年，国家地理公布的十大考古发现中，幽灵船首当其冲。

在加拿大，考古学家在育空地区的湖泊中发现了"戈达德"号。它是一艘百余年前淘金者所乘的轮船，被人称作"幽灵船"。在"戈达德"号的甲板和船舱上，考古人员发现船员弃船而逃时丢下的靴子，他们推测该船当时应该发生了什么重大事件。考古学家估计当时船员试图做最后一搏，因为甲板上还遗留着一把斧头，船员可能是砍断船上的木板后才逃生的。此外，锅炉中还有木头，到处都散落着锅碗等器皿。

力寻找这艘船，希望它并没有沉没。

2002年，加拿大空军飞行员杰克·费里曼驾驶着飞机飞过阿拉斯加沿岸的洋面时，无意中看到水上漂浮着一艘船。当时，他的注意力就被这艘大船吸引了，一心想要揭开这艘船的秘密。于是，他雇佣了"北冰洋勇士号"救援船队承担了这项任务，他们的救援人员是救援行业里最出色的。

杰克·弗里曼发现的那艘船正是几十年前失踪的安东尼亚号。作为业内最优秀的救援人员，"北冰洋勇士号"

◎ 意大利豪华客轮安东尼亚·格拉撒号

救援船队可以寻找到任何一艘弃船，并将其修补好后再拖回到岸边。这次，他们以为会和以前一样顺利带回船，并发一笔大财。对救援队来说，这条豪华客轮本身就是一笔很大的财产。因为根据国家海洋法规定，船是在公海发现的，他们只要有足够的力气把它拖回岸上的话，船只就归他们所有了。

在船长西恩·墨菲的带领下，"北冰洋勇士号"的船员们登上了安东尼亚号。这艘怪异、如同巨穴般的船时刻散发着诡异、神秘的气息。自从船员们登上安东尼亚号后，怪异的事就一桩接一桩地发生，船长西恩·墨菲在船长室喝酒时竟然看到了安东尼亚号船长的灵魂。安东尼亚号船长的灵魂告诉西恩·墨菲，指引他们前来的飞行员就是当时唯一的幸存者，而且还试图告诉他当年的真相。然而，没等他说出真相，西恩·墨菲就死了。船上的神秘力量开始威胁到船员们的生命了。在这艘船上，船员们将经历比过去更恐怖、更致命的事情。

起初，船员们发现了黄金，他们为财富而感到欣喜。虽然有幽灵少女出现并警告他们，可是因为受到黄金的诱惑，他们一再忽视幽灵的警告。不久，这些被黄金引诱的船员一个接一个地死了。于是，船员们想要揭开秘密，找出这艘船上当年事情的真相。虽然船上有成箱的黄金，但是已经没有船员关注了，因为他们的任务不再是获得财富那么简单了。

厄运并未因此而远离他们，船员还是一个个莫名其妙地死去了。每个船员都是那么手足无措，他们的命运就如同这条幽灵船一样，仿佛被抛到了大海中。最终，谁都无法逃脱被诅咒的命运。

被黑暗遮掩的事实真相让人们甚至缺少了辨别的能

◎ 幽灵船

力。在这条船上的人都会遇到让自己无法承受的恐怖，也就是他们各自的弱点。当遇到某种环境时，在面临绝境时，人们脆弱的心理就会为自己曾犯下的错误忏悔。《幽灵船》的主题是围绕着人类的贪婪和欲望展开的，这是人类永恒的主题，很多电影都是通过欲望所带来的灾难让人反思的。《幽灵船》要向人们讲述的是一个关于幽灵与人性欲望的故事。其实，这部电影最恐怖的地方正是留给观众的那可怕的想象。

为了得到钱财，进行打捞的船员们不惜冒险。其实，他们之所以去打捞载满黄金的巨轮只是出于最浅层的对财富的欲望。墨菲的死不仅隐示着他对权力的欲望，也是人类对权力的欲望。至于那个被女歌星吸引的黑人船员，则是对肉体充满欲望。船员们接连不断地看到大量的幽灵，却不明白为什么会发生这样的事情。船员一个接一个地去世后，女主角终于发现了雇佣他们的飞行员杰克·费里曼才是真正的死神，是他不断地诱惑那些被欲望驱使的人们，然后杀死他们，囚禁他们的灵魂，而黄金和珠宝只是他用来引诱人们的诱饵。影片中的女主角之所以毅然炸掉巨轮，并释放了无数被囚禁的灵魂，是因为她没有被欲望迷惑。船上的财宝本就该属于大海，所以她炸船让其回归大海。

虽然船最后沉没了，一船人的灵魂也可以得到救赎，但影片的结尾却预示着事情远未结束。因为只要人有贪欲，那个收买灵魂的死神就会永生不死。于是，女主角在片尾看到船员和幽灵复活了。因为他们代表的人类欲望永远不会消失，悲剧还会继续。无疑，这是女主角最恐惧的事，也是人类最恐惧的事。

这个世界上的诱惑、贪念引发的罪恶永远不会消亡。人类贪婪的本性、欲望、互相利用等恶习是不会像那艘幽灵船一样被炸掉后就永久消失的，它们是永远不会被根除的。由此可见，人们的欲望是多可怕的一种东西。如果没有欲望，这条船就不会成为囚禁灵魂的幽灵船；如果没有贪婪之心，所有的事情不会发生。

人类对金钱、权力、性和食物的欲望怎样才能摆脱？

其实，幽灵只是人类负面心理的象征，有时它并不

是恶的代表。

　　人性中对金钱的贪欲是永恒的。一旦人们的贪婪战胜了理性，那噩梦就不会结束，幽灵船将永远飘荡在人们心灵深处的黑暗死海中。

## 知识链接

◎ 重庆丰都鬼城鬼门关

## 重庆丰都鬼城

在我国传统文化里，鬼文化是非常独特的文化。近些年来，随着旅游业的兴盛，各地开始挖掘地域文化特色，并大规模修复、扩建和改造历史文化景点。其中，最为著名的就是重庆市的丰都鬼城。

　　在鬼城里，旅客可以尽情体验鬼文化的乐趣。其中，丰都最典型的标志性景物就是"天堂仙境"上的玉皇大帝。在丰都，最刺激的体验当然是游鬼城。这里有个著名的鬼国神宫，在这个鬼国里，你不仅会看到各种各样吓人的鬼魂，还有突然跳出来的鬼魂，这些鬼魂都是工作人员扮演的。此外，在这里看还可以看到传说中阎王殿的各种场景。

# 5 心魔——驱魔人

这是一个流传很久的故事。1949 年，生活在美国马里兰州的 14 岁男孩约翰在他的阿姨多萝西死后不久，就发生了一系列奇怪的事情：卧室里的床垫会莫名其妙地剧烈抖动，食物在房间里飞舞，家具无故地倒下，约翰的性情也变得极为暴躁，常常做出一些常人无法想象的自残行为。当约翰的父母试图让他平静下来时，约翰自称是多萝西。一个月后，约翰的身上开始出现奇怪的类似地狱的符号，还说着无人能懂的语言。一位天主教神父劳伦斯为约翰进行驱魔仪式，试图用圣水和十字架将附着在他身上的幽灵去除，不料情况却越来越糟，约翰的五官变得扭曲，牙齿全部脱落，全身血肉模糊并且浮肿，流出浅

◎《驱魔人》海报

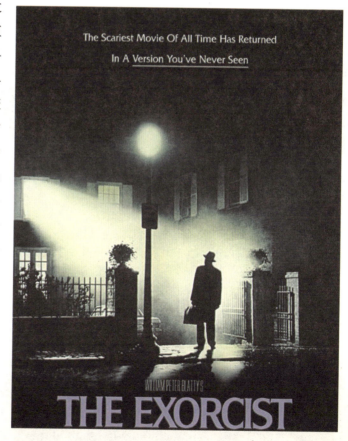

绿色的脓液。在翻阅了几乎所有关于驱魔的古书后，劳伦斯神父终于找到了驱走恶魔的方法，他用一种特制的项链再次为约翰驱魔，约翰长呼了一口气：多萝西阿姨的幽灵终于走了。

事情发生的时候，影片《驱魔人》的制片兼编剧威廉·彼得·布莱迪还是乔治敦大学的一名学生，20年后，他根据这个事件写出了《驱魔人》这部小说，威廉·弗莱德金于1973年把它拍成了电影《驱魔人》。

《驱魔人》以马伦神父在肯尼亚的考古开始。马伦神父带着一支考古队挖掘了一座古罗马帝国时期遗留下来的教堂，在那里，他发现了一个奇怪的雕塑，他不知道的是，他已经在无意

◎《驱魔人》剧照一

中释放了一个邪恶无比的恶灵。在一个镜头中，马伦神父与雕塑对视着，一轮红日从神父与雕塑之间升起，将整个画面都染红了，仿佛黑暗君主即将重回大地，预示着一场大战不可避免。

镜头转到华盛顿，人到中年的梅尼尔是一位著名的女演员，与12岁的女儿丽根过着幸福的生活。神父卡拉斯本可选择成为一名心理学家而让母亲过上优越的生活，却因选择了成为一名神父，年迈的母亲不得不过着清贫的生活，最终在精神病院里终老。两个有着不同生活轨迹的人，却因为丽根被幽灵附身而联系到了一起。

恐怖是一点一点地慢慢渗入的。起初，梅尼尔发现家中有奇怪的响动，却找不到声音的来源。渐渐地，温顺乖巧的女儿丽根变得越来越暴躁，她开始作出一些常人无法理解举动。一天，妈妈梅尼尔在家中宴请圈中的朋友，正当大家围在钢琴边边弹边唱时，丽根突然悄无声息地从楼上走了下来，对着导演勃特恶狠狠地说："你会死在楼上。"引得众人一片愕然。梅尼尔不得不向众人道歉，并将女儿带到了楼上。

不久，梅尼尔就听到楼上传来女儿恐怖的哭喊声，当她冲到丽根的房间里时，被眼前的一幕惊呆了：丽根躺在床上，她的床像被人操纵着一样，不断地上下晃动着。梅尼尔情急之下也爬到床上去抱着丽根，两个人的重量都无法让床停止晃动。

怪事接连不断地发生了。人们发现了被丽根诅咒的导演勃特的尸体，他被人扭断了脖子，倒在丽根的窗外。警方估计他是被一名男子杀害后从窗户里抛下来的，鉴于他与梅尼尔的关系，警方找到了梅尼尔。得知勃特死讯的梅尼尔惊愕万分，却目睹了更为恐怖的一幕：丽根反转身体，头部朝下，手脚并用着迅速从楼梯上爬了下来，在梅尼尔面前吐了一口鲜血，大叫一声之后颓然倒地。

现代医学将这一切归咎为精神疾病，现代医学仪器一番检

◎《驱魔人》剧照二

测之后，却找不到病源。许多名医显然对此也束手无策，吞吞吐吐中，有医生尴尬地向梅尼尔建议不妨找法师一试。万般无奈之下，梅尼尔不得不求助于法师，寄希望于法师能将藏在丽根体内的恶魔驱逐出来。于是，她找到了卡拉斯神父。

令卡拉斯神父没有意料到的是，丽根的体内潜藏着的竟不止一个恶灵，而是三个恶灵，其中有一个还是他刚去世不久的妈妈。"他们"对卡拉斯口出狂言，并告诉卡拉斯神父，丽根已经与"他们"融为一体了。因为没有得到教会的批准，卡拉斯不敢贸然行动。

但是不久，丽根的身上出现了一种奇怪的符号，经过仔细辨认，那是两个字——救命。没人知道这是谁发出的求救信号，也许这是身体已经被控制了的丽根向外界表达自己的唯一方式。情况已经越来越糟了，卡拉斯神父决定尝试着去驱魔。他找到了教会的主教，向他表明了自己的想法。主教担心卡拉斯神父仅凭一己之力太过危险，于是帮他联系了经验丰富的马伦神父。

圣经、圣袍、十字架、圣水，一番武装之后，马伦神父和卡拉斯神父走进了丽根的房间。在马伦神父的声声祷告中，恶灵时而对他咆哮，时而哀嚎着，还以卡拉斯母亲的口吻斥责卡拉斯神父让他的母亲孤独终老。一番搏斗之后，恶灵杀害了马伦神父，愤怒的卡拉斯冲上去，把丽根拖到地上，拼命地捶打她，丽根双手乱舞着，挣扎中抓到了挂在卡拉斯神父脖子上的一个十字架项链，结果，恶灵被从丽根体内驱出，却瞬间钻进了卡拉斯神父体内。这时，丽根终于发出了本该属于她的哭声，而被恶灵附身的卡拉斯神父却试图扑向丽根，但残存的意识让卡拉斯选择了凌空飞起，从窗户中一跃而出，跌落在地，选择了与恶灵同归于尽。

影片中的人各有自己的命运，因为恶灵附体而汇聚到了一起。卡拉斯神父年幼家境贫寒，却放弃了收入丰厚的心理学专业，成为一名收入微薄的神父。他一直无法给母亲

◎ 十字架

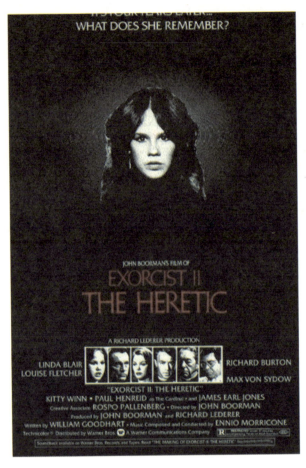

◎《驱魔人2》海报

提供好的生活条件，母亲最后因人格分裂在精神病院死去。这令卡拉斯神父深感愧疚，所以当母亲的灵魂也被恶灵一起附在丽根身上时，对母亲的愧疚就成了恶灵对付卡拉斯神父的武器，饱受内心折磨的卡拉斯最终以自己的死亡成全了丽根。所以，从某种意义上说，恶灵就是人内心的弱点，当来自外界的邪魔被驱散时，人们还要防止邪魔对心灵世界的侵害。

《驱魔人》拍摄于1973年，对日后恐怖片的发展有着划时代的意义，堪称美国恐怖电影的鼻祖、同类影片的教科书，无论是它的音响、配乐、剧情的铺设、灯光等方面，都可算是后来的恐怖电影的楷模，其中一些经典的镜头，比如丽根的头转动360度，丽根反转身体、手脚并用着从楼梯上爬下，都能激起人内心最深层次的恐惧。在电影技术非常有限的年代，许多的特效画面都无法通过电脑来实现，而更多的仰赖于演员的表演，剧中小女孩丽根的扮演者所表现出的惊人演技，让人忘却了这是一场表演，增加了影片的真实性。甚至是影片的海报，也做得让人瞳孔缩小、汗毛竖立：马伦神父提着包站在丽根家院子栅栏的门前，丽根房间的窗户打开着，一束强光透过窗户斜射下来，打在马伦神父身上。路边的灯只剩下微弱的一个光晕。马伦神父抬脚似要迈进院子，在他眼前，是黝黑的犹如黑洞一般要吞噬每一个人的院子。画面让人心里不由地产生忐忑、犹豫的矛盾心理。

影片因此获得了 1974 年奥斯卡 10 项提名，并获得最佳改编剧本奖及最佳声效奖，成为唯一一部获得奥斯卡奖的恐怖电影，同年，该片还获得了金球奖的最佳导演、最佳影片、最佳音效和最佳女配角 4 项大奖。

《驱魔人》的经典是基于原著小说的成功，据作者介绍，他在创作过程中详细阅读了传说中的一些记载，包括恶灵附身时的身体反应和驱魔法式过程中的《驱魔日记》。它的成功也引发众多的"续尾"之作，如 1977 年导演约翰·伯尔曼拍摄了《驱魔人 2》，1990 年，小说原著作者布莱迪自编自导了《驱魔人 3》，但都因为第一部太过突出，都成为"狗尾续貂"之作，贻笑大方，难撼《驱魔人》在恐怖电影史上的地位。

# 6 不断传播的恐惧——午夜凶铃

  1998 年，日本导演中田秀夫根据著名作家铃木光司的作品《七夜怪谈》拍摄的《午夜凶铃》，是公认的最为经典的恐怖电影之一，影片中塑造的"贞子"，已经成了恐怖幽灵的代名词，尤其是其中贞子从电视机里爬出来的场景，是盘旋在许多观众心头挥之不去的恐怖场景。一个怀有异能的幽灵，带着积蓄了30 多年的积怨，时机一到，她满腹的积怨就要开始报复社会了。

  故事从一盘神秘的录像带开始。几名高中生一起看了一盘来历不明的录像带，7 天后，这几名学生相继死去，死时表情极为惊悚，好像死前受到了极大的惊吓。电视台的女记者浅川在采访中了解到这一情况后，决心调查事件的原由。她找到了几名高中生一起看录像带的那家小旅馆，发现了一盘没有名字的录像带，好奇心驱使着浅川观看了这盘录像带。这是一盘奇怪的录像带，里面出现一个女人对着镜子梳头的画面，接着是一份报纸，然后就是一口野地中的井。等她看完之后，传言中的电话铃声果然响起了，电话那头传来了一种可怕的声音。惊恐之余，浅川找到了前夫高山龙司，并将录像带复制了一盘给他。高山龙司看了录像带，从一些诡异的画面中找到了一些线索，两人经过查阅发现了其中的含义，那正是多年以前日本三原山火山爆发的报道，报道中还指出，当地一名妇女志津子曾预知了此事。为了解除毒咒，浅川和高山龙司决定前去查访事情的真相。临行前，浅川把儿子寄养在公公家中，深夜，浅川听到

一阵奇怪的声音，却惊恐地发现儿子阳
一正在看那盘录像带！

　　关系到一家三口的命，浅川和高山
匆忙赶到了志津子的故里，通过朋友的
介绍得知，志津子是一位有着特异功能
的奇女子，她因预言了三原山火山的爆
发而为世人所知。学者伊熊博士带着志
津子，向媒体证实了特异功能的存在，
却遭到媒体的质疑和揶揄。志津子迫于
压力自杀，而已为人夫的伊熊博士因为
与志津子的关系而被革职，带着与志津
子的女儿贞子离开东京，下落不明。

　　他们找到了录像带中演示的房间，
并遇到了一位知情的老人，浅川试图从
老人口中得知志津子女儿贞子的下落，
老人却守口如瓶。不料，贞子的阴魂借
助老人的身体，把浅川和高山带到了当
年的那个场景之中，他们发现，原来老

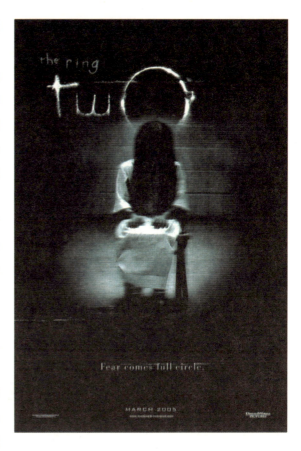

◎《午夜凶铃》海报

人就是当年检测特异功能事件的参与者之一。当时志津子的特异功
能遭到了媒体的质疑和嘲讽，躲在一旁的贞子用她强大的意念杀死
了一名记者，并在浅川的手腕上留下了一道抓痕。

　　浅川左思右想，发现只有在旅馆才能接到那个神秘的来电，于
是猜测那里是贞子葬身之处，也许找到贞子的尸体，就可以化解她
留下的诅咒了。在风雨交加的夜晚，老人驾着船，载着浅川和高山
前去旅馆所在地，此时两人的心里都忐忑不安，因为距离 7 天的期限，
仅剩下 1 天了。

　　第二天到达旅馆之后，他们果然在旅馆房间的下面找到了贞子
葬身的水井。高山爬到井中，一桶一桶地往外倒水，直到精疲力尽，

才找到了贞子的遗骸，两人为贞子做了善后事宜。

　　7天大限已过，浅川安然无恙，她手腕上的抓痕也消失了，她和高山都长吁了一口气，以为贞子的毒咒已经解除。不料，第二天，当高山独自一人在家时，电视里居然自动开始播放那盘录像带，接着，恐怖的一幕发生了，画面里，一身白衣、长发遮面的贞子从井里爬了出来，并继续往前爬，最后竟从电视里爬了出来，一步一步逼向高山——他的大限已到！闻讯而来的浅川在高山的房子里翻查着，希望能够找到答案，她不停地追问着："到底有什么是我做了而你没有做的？"高山的阴魂显身，给了她答案。她从包里的那盒录像带上发现了真相，那就是：只有把录像带复制并交给其他人观看，才能保住自己的性命。为了儿子阳一，她复制了那盘录像带，开车朝公公家驶去……

　　《午夜凶铃》的第一部分就这样结束了，给人留下了想象的空间，如同这部电影营造的恐怖一样，它没有欧美恐怖片中常见的血肉模糊的镜头，却以烘托气氛取胜，通过恐怖的音效和大量的留白，给观众留下了无限想象的空间，引人一步步地往前走。

**知识链接**

## 意念移物真的存在吗

**指**的是一些人能够通过思维影响物质。这种说法已经存在几百年，但对这种现象的调查一直存在争议，关于思维是否能够影响物质，至今仍未有定论。

　　对这一问题持肯定态度的专家认为，意念对物质的作用也许像雨滴与大峡谷的形成一样，是微乎其微的，但只要有足够长的时间，就会产生了不起的作用。持反对意见的专家认为，这只不过是由于研究方法造成的假象，或者是目前尚未得到认识的统计学问题。

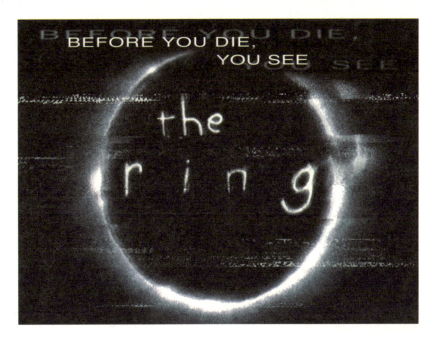

◎ 美版《午夜凶铃》

　　这也许正是电影成功的地方，它的恐怖十分含蓄，不如西方的直白。例如，片中主要人物贞子的形象就非常得简单，一袭白衣，一头长发遮面，没有獠牙，也没有血红的嘴唇，扭曲的表情，但却给了人想象。这种想象又直击人内心深处的恐惧——对未知的恐惧，正是这种无限的可能性让人在观看时，会恐惧得近乎窒息。该片也成为恐怖电影的巅峰经典之作，让西方为之注目，纷纷效仿。该片更是开创了东方恐怖电影的新模式，而"贞子"，也成为了经典的恐怖形象。

　　随后，《午夜凶铃》的系列电影《午夜凶铃 2 之真子缠身》、《午夜凶铃 3 之凶铃再现》、《午夜凶铃 4 之真相大白》相继推出。复活后的贞子开始了她的复仇，她借高山龙司情人高野舞腹内的胎儿复活了，她真身的出现将恐怖氛围推向了高潮。而贞子的身世，也随着剧情的不断推进而真相大白：原来贞子在成长过程中分裂成了两个，一个有像母亲志津子一样的超能力，另一个则是像父亲一样的正常人。在检测志津子的特异功能时杀死记者的，正是有着超能力的贞子，父亲伊熊博士用药物抑制了她的成长，这也就是小贞子，另一个贞子就像正常人一样地长大。小贞子嫉妒长大后的大贞子，遂钻进了大贞子的体内，杀害了

许多人。父亲伊熊博士不得不给她注射了天花病毒，并将她抛入井内，用盖子盖住了井口。小贞子和天花病毒都有着强烈的求生欲望，它们在井底密封的环境中，经年累月，贞子的体细胞与天花病毒竟融合成一种新的能量附着在井壁上。30多年过去了，贞子葬身的井上面盖起了一座旅馆，贞子怨念形成的影像被一个小孩子在无意中拍摄下来，她的怨念也注入到了录像带中。凡是看过这盒带子的人，体内的细胞都会发生突变而成为贞子的体细胞与天花病毒融合而成的病毒，攻击心脏血管产生肿瘤，7天之后，肿瘤成熟致人心肌梗塞而死。

《午夜凶铃》在恐怖中折射了人性的自私。当浅川得

◎《午夜凶铃3之凶铃再现》海报

知通过复制录像带给他人观看，就可以摆脱 7 天亡命的毒咒之后，为了保住儿子阳一的性命，她毫不犹豫地复制了录像带给自己的公公看；第二部《贞子缠身》中，女高中生香苗曾看了录像带，为了自保，她将录像带交给浅川的同事冈崎，千叮万嘱要他看一遍，而冈崎却因为害怕而始终没有看，最后香苗还是死在毒咒之下。当遇到危险的时候，人们都毫不犹豫地选择了转嫁危机，将灾难嫁祸于他人，人性的自私可见一斑。

# 7 我的眼睛看到鬼——第六感

1998 年由 M·奈特·沙马兰导演的《第六感》（又称《灵异第六感》），是当年全美观众最喜爱的影片之一。影片讲述的是一种幽灵，他们不知道自己已经死去，始终保持着他们死时的状态，在临死前的地方徘徊着，继续着生前的生活。影片以一个具有特殊能力、能够见到死去的人的男孩的经历告诉人们，相比起幽灵来说，来自人类的不解与嘲讽更能伤害人。有时候，幽灵只是幽灵，是一种如同人一样的存在，他们除了外表带来的恐怖视觉冲击之外，并没有什么特别之处。

麦尔康是一位著名的儿童心理学家，曾帮助过许多问题儿童摆脱困境走上正道，也因此获得政府的表彰。但再好的医生也有失败的时候，一名多年前曾接受过麦尔康治疗、但未成功的少年文森特在一个深夜闯入麦尔康家中，在情绪失控之下，他朝着麦尔康开了一枪，自己也饮弹身亡。

◎《第六感》海报

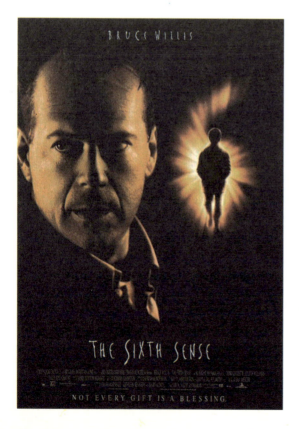

　　一年后，麦尔康遇到了与文森特类似的男孩科尔。根据心理医生的评估，9 岁的科尔来自单亲家庭，与母亲生活在一起，他性格古怪，有些自闭，总喜欢戴着一副大大的镜框，将自己藏起来。麦尔康决心帮助他，于是他不断地接近科尔。麦尔康最初并未能赢得科尔的信任，科尔的内心似乎藏着一个巨大的秘密，对人敬而远之，将自己封闭起来。

　　渐渐地，科尔发现了麦尔康的不同，麦尔康不会像其他人那样认为自己是个"怪物"，麦尔康会尽情地鼓励他写下他所想的，对于他所说的话，麦尔康也不会像其他人那样断然地否定。从麦尔康那里，科尔感到一丝信任与温暖。

　　但是，在学校里，他依然是同学、老师眼中的怪人，他会在课堂上突然神经质地大叫，仿佛有人在威胁他，说着一些古怪的话。在同学聚会上，会有一些奇怪的举动而遭到同学的恶作剧，将他关在一个暗柜子里。麦尔康的生活似乎也遭遇了危机，他发现自己深爱的妻子似乎有了新的追求者，两个人之间已经出现了明显的隔阂。

　　敏感的科尔从麦尔康的眼神中读出了他的失意，麦尔康向他讲起了自己近一年来生活的转变：那个治疗失败的青少年文森特令他十分沮丧，他决心改变这样的孩子，但他的妻子似乎对他的转变并不认同，两人之间已经形同陌路，甚少交谈。麦尔康的坦诚终于赢得了科尔的信任，作为交换，科尔敞开心扉告诉了麦尔康一个埋藏在他心里已久的秘密：他能看见死去的人。那些死去却不知道自己已死的人，时刻在科尔身边出现。

　　麦尔康起初并不相信科尔所说，他认为那不过是科

尔的幻觉。但科尔依旧生活在恐惧中，他会在家中见到被丈夫施虐致死的妻子、脑部中枪而死的男孩，在学校见到多年前被吊死的人，他还告诉麦尔康，当一个鬼魂靠近的时候，周围的温度会骤然降低变得很冷。

　　科尔和麦尔康的生活都陷入不如意之中。科尔的妈妈并不相信科尔所言，她把科尔的各种奇怪的想法归咎为他在撒谎，而麦尔康发现，自己离妻子越来越远了，她似乎有了新的男朋友。无奈之下，麦尔康向科尔提出，他要回归自己的生活，关心自己的家人，所以他要离开，由别的医生来治疗他。科尔苦苦哀求，因为麦尔康是唯一一个能够理解他的人，麦尔康最终没有离开，却在反复地听了文森特的电话录音之后，发现科尔告诉他的秘密是真的，这个世界上真的有鬼魂存在。

◎《第六感》剧照一

这个发现令麦尔康震惊，他找到科尔后告诉他，既然他拥有这种能力，也许就承担着某种使命，对于那些他能看到的人，不妨试着去倾听，看看他们到底想干什么。于是，在一个深夜，当科尔又见到了一个因中毒死去的女孩后，他不再选择逃避，而是选择了聆听。按照小女孩的指示，科尔和麦尔康来到了她家中，在女孩的提示下，找到了一盒录影带，揭开了她死亡的真相——她是被继母毒死的。

选择聆听，卸下了压在科尔心头的一块大石头，给了科尔自信，他尝试着去与那些死去的人交谈，渐渐地，他发现"他们"并没有那么可怕，这给他的生活也带来了很大的转变，他不再忧郁、孤独，原来总是嘲讽他的同学，也终于开始对他另眼相看。为了感谢麦尔康，他教他如何与自己的妻子沟通：在她睡着之后，再向她倾诉，她会慢慢听进去的。

当麦尔康深夜回到家中，看到躺在沙发上熟睡着的妻子，试着与她倾诉时，却发现了一个惊人的秘密，过往的一幕幕在脑子里闪现：原来一年前他就已经被文森特那一枪打死了，但是那种无法治愈患者的愧疚感促使他有一个强烈的愿望，要去治愈像文森特那样的病人。带着未了心愿的麦尔康显然并没有意识到自己已经死了，还是如往常一样的生活，与妻子对话，去看望自己的病人。后来，他遇到了科尔，他治愈了科尔的同时，科尔也帮他完成了心愿。望着熟睡中的妻子，麦尔康明白自己的心愿已了，是该离去的时候了。

与其说《第六感》是一部恐怖片，不如说它是一部充满温情的电影。尽管科尔眼里不时看到的是鬼，但给他造成伤害的，不是那些鲜血淋漓、面目狰狞的鬼魂，而是生活中的不信任和伤害。当老师在课堂上朝他大喊着"怪胎"，当同学带着异样的眼神讨论他，并恶作剧地将他锁进柜子里时，这种伤害远大于鬼给他带来的视觉惊恐。所以，当同样已成为鬼魂的麦尔康接近他，给予他信任时，影片透出的是温情，这也许是科尔人生中第一次感受到他最需要的温暖，这种温情足以融化科尔心里的坚冰，让他从自我修筑的堡垒中把自己释放出来。

电影的温情之处，还有麦尔康与妻子之间细腻真挚的感情。麦尔康每次回到家中，都会看到妻子在播放他们的婚礼录音带；妻子还会在结婚纪念日上为麦尔康点他最爱喝的酒。除了未了的心愿，深爱的妻子也是他不舍离去的原因之一。

比起影片中活着的人来，那些死去的人虽然大都保留了他们的死状，或鲜血淋漓，或面目狰狞，但是他们却是无害的。那些死去的人之所以会找到科尔，有时是因为寂寞，想找人倾诉，有的是因为自己有未了的心愿，希望科尔能够帮助他们。在影片的最后，当科尔接受了麦尔康的建议，试着去倾听他们

◎《第六感》剧照二

时，他发现他们并不可怕，他也不用再像原来那样四处躲避，将自己封闭在一个红色的、里面摆满了各种圣像的帐子里。能够伤害科尔的，只有那些活着的人，他们对他的不信任，才是科尔自我封闭的原因。直到最后，当科尔向妈妈说出自己的秘密，当他说起那些外婆与妈妈之间的小秘密时，他的妈妈不禁痛哭流涕，终于相信了儿子的话。最后，母子相拥而泣，为了母亲的信任，也为了对儿子的误解。

# 8 幽灵童话——鬼马小精灵

◎《鬼马小精灵》海报一

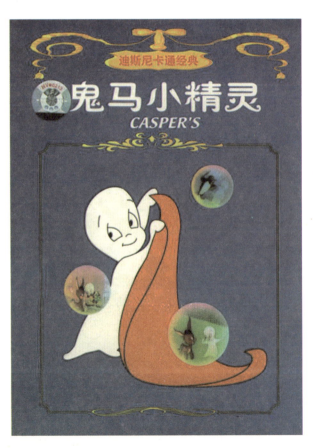

《鬼马小精灵》1995年由AVH公司推出，是一部真人与动画结合的动画片。这部影片恐怕是许多人儿童时期的永恒记忆，善良可爱的幽灵卡斯伯、喜欢捉弄人的幽灵叔叔，研究与鬼魂沟通的哈维博士和他的女儿，贪婪无厌的卡里根，每一个人物的形象都十分的鲜明。

在位于缅因州的一座古老的庄园——威普斯塔夫里庄园里，居住着三个幽灵胖子、瘦子和醉鬼以及他们善良的小侄子——小幽灵卡斯伯。卡斯伯热情、喜欢交朋友，他的叔叔们脾气则相对暴躁，他们在这座几近废弃的庄园里过着平静、快乐的生活，但庄园的继承人、贪得无厌的卡里根·克里特登的到来，打破了这里的宁静。

卡里根原本寄希望于父亲能够给她留下大笔的遗产，没想到却只给她留下了这座破旧的庄园，她心有不甘，认为庄园里肯定埋藏着财宝，于是带着律师迪布斯来到了庄园。迎接他们的，是可爱的小精灵卡斯伯。尽管卡斯伯热情而可爱，却依旧吓坏了卡里根，她惊吓之余，请来了神父、搬运工等各色人物，想把居住在这里的幽灵们赶跑。

令人意想不到的是，幽灵们面对不断出现的陌生人极为热情，却吓坏了他们，神父、搬运工们纷纷逃窜，卡里根一时之间也束手无策。

一次偶然的机会，卡里根在电视中看到一则新闻，其中介绍了著名的鬼魂研究家哈维博士。哈维博士自从他的妻子艾米利亚去世之后，一直未能见到妻子的鬼魂，为了能够再次见到妻子，他开始研究鬼魂，并开创了灵魂治疗法，治疗那些带着痛苦死去、在生前居住的地方徘徊着不肯离去的灵魂，让"他们"最终带着微笑离去。

这个发现让卡里根的心为之一动，她请来了哈维博士，哈维博士带着他的女儿凯特来到威普斯塔夫里，开始了一段奇妙的经历。

哈维博士和凯特的到来让卡斯伯异常高兴，但又担心自己的幽灵身份和形象会吓到他们。在进入威普斯塔夫里庄园的第一个晚上，凯特在千挑万选之后，恰恰选中了卡斯伯的房间，在入住庄园的第一晚就与卡斯伯打了个照面，凯特尖叫着晕厥过去。闻声而来的哈维博士也见到了卡斯伯，尽管哈维博士研究的就是鬼魂，但也被白色透明、长了一颗大脑袋的卡斯伯吓到了，卡斯伯的三个叔叔还恶作剧地钻到哈维博士的身体里去，变幻出各种形象来捉弄他。

正是应了那句老话：不打不相识。在经过一番交战后，哈维父女认识了卡斯伯和他的幽灵叔叔们，尤其是卡斯伯，很快就与凯特成了好朋友。而哈维博士则与卡斯伯的叔叔们达成了

一个协议，幽灵们帮他联络到他寻找已久的逝去的妻子艾米利亚，而哈维博士则要保证不让外人住进庄园。

卡斯伯似乎失去了关于活着时的一切记忆，他不知道自己多大了，也不记得自己的父母，直到有一天，凯特打开了一间房子，仿佛一下子打开了卡斯伯尘封的记忆：他年幼时夭折了，却因为不愿意父亲一个人太过孤单而留了下来。他的父亲曾看到了卡斯伯的灵魂，为了让儿子卡斯伯死而复生，于是他发明了一种机器——拉撒路，这种机器加上一种特殊的液体就可以使一个幽灵复活。经过一番奇妙的旅程，卡斯伯带着凯特找到他父亲的实验室，看到了传说中的拉撒路。凯特无意中打开了拉撒路的开关，一番操作之后，复活实验失败了——尾随而至的卡里根和迪布斯偷走了唯一一瓶复活用的原始溶液。卡里根把自己变成了幽灵，想独占卡斯伯的父母留给他的财富，却以失败告终。那瓶原始溶液又重新回到了卡斯伯手中。

◎《鬼马小精灵》海报二

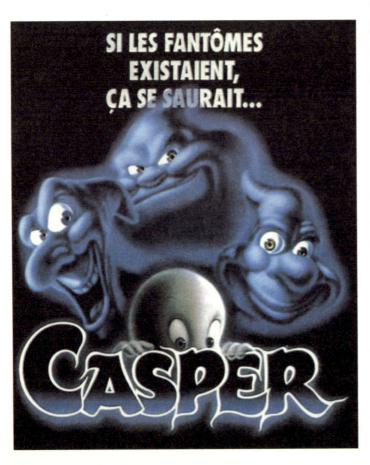

看惯了三个幽灵自由自在的生活，哈维博士对自己的生活产生了怀疑，最终也变成了幽灵，被卡斯伯的三个叔叔带到了实验室。凯特看到变成幽灵的父亲非常伤心，善良的卡斯伯把唯一的复生机会留给了哈维博士，哈维博士死而复生了，而卡斯伯还是那个形单影只、孤独的幽灵。

凯特的新同学们蜂拥到威普斯塔夫里庄园开复活节派对。为了不吓到他们，卡斯伯孤单地在实验室里玩耍，这时奇迹出现了。一个身着红色衣服的女人从天而降，她就是凯特逝去的妈妈艾米利亚，一缕光照在她身上，她看起来仿佛是圣洁的天使。她告诉卡斯伯，他做了一位非常高尚的事情，作为回报，将满足他一个心愿。

在凯特的复活节派对上，出现了一个陌生、俊朗的男孩。他走向独自一人坐着的凯特，邀她共舞。男孩在凯特耳边轻轻说道："我说过我跳得不错的。"凯特认出这是卡斯伯——这是卡斯伯生前的模样。哈维博士也见到了自己思念已久的妻子艾米利亚。在这个复活节之夜，大家的心愿都"复活"了。

不过美好的事情总是很难长久；当十点的钟声敲响时，卡斯伯不得不像午夜的钟声敲响后的灰姑娘一样结束他的舞会，被打回了原形。孩子们尖叫着跑散了，只留下凯特在一片狼藉中。狂欢这才刚开始，哈维父女和卡斯伯叔侄们开始了他们自己的狂欢之夜。

这是幽灵片中少有的不带恐怖色彩却充满了温情的影片，其中的幽灵形象是通过动画制作而成，一改传统幽灵片中恐怖、骇人的形象，善良的卡斯伯和他喜欢恶搞却又不失善良的叔叔，让人们对鬼魂不再害怕。鬼魂，也许只是另一种存在形式。动画制作的幽灵卡斯伯和他的叔叔，让幽灵变得不再那么狰狞恐怖，而是十分可爱。《鬼马小精灵》也堪称是一部幽灵童话片，充满了梦幻的色彩：古老的城堡，奇幻的经历，灰姑娘般的结局，

◎ 赢得王子好感的灰姑娘

许多人在温情的幽灵故事中看到了一丝心酸——卡斯伯和他的叔叔们，他们都只是一些善良有时有点恶作剧的孤单灵魂，在每一个灵魂的背后，都有着各自自视珍贵的心酸故事，他们爱过、痛过、活过，在另一个时空中永恒。影片中颇为人称道的，正是卡斯伯灰姑娘式的结局，当他以一头金发的背影出现在镜头中时，那个样子美得有些令人炫目，无懈可击。也许正是他的

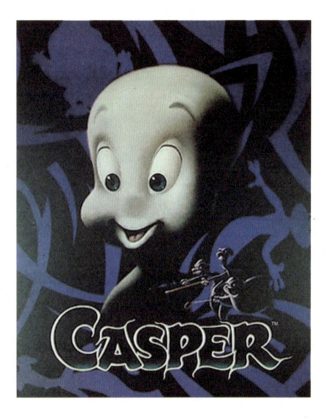

◎ 鬼马小精灵海报三

善良与诚恳,才换得了梦想成真的短暂一刻,也正是因为他的美,故事才令人心酸。

"鬼魂的存在,是因为有未了的心愿。"专门研究"鬼魂心理治疗"的哈维博士如是说。不光是鬼魂,每个人,都是空虚与寂寞的。哈维博士因为年轻妻子的逝去而感到生活的虚无与寂寞,哈维12岁的女儿凯特因为不停地转学交不到朋友而感到沮丧,满腹抱怨,那些在古老庄园里游荡的灵魂也是寂寞的,所以每当有陌生人出现时,总是会让他们兴奋不已。在空虚与寂寞的生活中,幽灵卡斯伯成了唯一的一道曙光,他可爱、善良,最后还将自己唯一的复活的机会让给了哈维博士。

影片的最后,哈维父女和卡斯伯叔侄们在庄园内狂欢的场景,更是消除了人与幽灵之间的界限。在那样的环境里,人与幽灵,也许唯一的区别就在于他们的外表。除此之外,他们还有什么区别呢?

# 9 人性的罪与罚——寂静岭

《寂静岭》是一部根据游戏改编的电影。它改自同名计算机游戏《寂静岭》，影片一反游戏改编电影的常态尴尬境地——既不符合主流电影的评判标准，又不合游戏粉丝的胃口——挖掘出被大多数人忽略掉的游戏中的艺术性，达到了同类电影未有过的高度，堪称以游戏改编的电影中里程碑式的作品，在上映 3 天之内票房就突破了 2000 万美元大关。

罗斯的养女莎伦患上了一种奇怪的病，总是在梦中到处乱跑，嘴里嚷着要回到她的家乡——寂静岭。罗斯从领养处得知，寂静岭正是女儿的出生地，她怀疑那里隐藏着什么秘密。于是，尽管遭到丈夫的反对，她还是决定带着女儿前往寂静岭，希望在那里可以找出女儿的病源治愈她。

在到达寂静岭附近的一个加油

◎《寂静岭》海报一

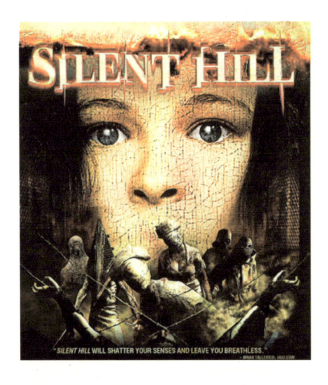

◎《寂静岭》海报二

站加油时，罗斯母女引起了一名女警比尔的怀疑。比尔跟着罗斯母女到了一个交叉口，要求罗斯停车。为了尽快赶到寂静岭，罗斯没有理会女警的要求，匆忙开车离开，在慌乱中为了躲避一个突然窜到路上的女孩，她们发生了车祸。等到罗斯从昏睡中醒来后，女儿莎伦不见了踪影，周围是灰蒙蒙的一片，天空中飘着"雪"，她伸手一捻之后，才发现原来那都是灰烬。在一个酷似女儿莎伦的女孩的带领下，罗斯向寂静岭所隐藏的罪恶最深处挺进，抽丝剥茧般地揭露出其中的巨大阴谋。

实际上，她们进入了一个阴、阳两界但又相互叠加重合的异度

空间。罗斯在被烧成了废墟的小镇上寻找着女儿，遇到了各种各样奇怪的事情和生物，不断挑战着她的心理承受能力，但寻找女儿的决心支持着她克服内心的恐惧，继续寻找下去。

这时，前来找她们母女的丈夫也赶到了寂静岭附近，从附近的居民口中得知，30年前的一次煤矿燃烧，将整个小镇烧成了废墟，小镇里的人死的死，失踪的失踪，那里成了一个"死镇"。

此时的罗斯被一种神秘力量引领着在几乎无人的小镇里寻找着女儿莎伦，在这个过程中，她遇到了各种奇怪的生物，还有一名穿着蓝色校服的小女孩。母爱的无私和伟大促使罗斯在这个死寂的小镇里不断穿梭找寻，直到她被引至小镇黑暗恐怖的核心地带——阿蕾莎所在的 B–151 病房。随着剧情一步步地推进，罗斯也逐渐了解到了小镇的历史，揭开了一段被掩盖的罪恶。

30年前，小女孩阿蕾莎因为是一名私生女，而且还遭遇过强暴，被镇上的教会组织视为不祥不洁的邪恶化身，并被诬蔑为女巫。教会首领克里斯特贝拉打着消灭邪恶的旗号，对阿蕾莎施以火刑。不料，教会的十字架掉落，砸翻了焚烧阿蕾莎的火盆，终止了火刑仪式，大火引燃了小镇，将小镇烧成废墟。阿蕾莎被母亲达丽娅和警察救下，但严重的烧伤使阿蕾莎心里和身上的伤痛日甚一日，她所受的伤害和恐惧渐渐演化成深深的仇恨，这种仇恨被恶魔感应到，恶魔给了阿蕾莎复仇的力量，让她创造出一个灰蒙蒙的"表世界"，将当年所有伤害过自己的仇人都封闭在里面，这些人躲进了教堂，因受到庇护而未能被恶魔杀死。

这样的结局并不能平息阿蕾莎的怒火，因为附身于阿蕾莎的魔鬼不会放过那些小看和试图挑战自己的人类。于是，它以阿蕾莎、也是罗斯养女莎伦的样子出现，诱惑着罗斯到达寂静岭这个复仇的原点。其目的就是要附身于罗斯身上，进入自己无法进入的教堂去杀死那些曾经反抗过它的人，作为交换，罗斯可以带回自己的女儿莎伦。

罗斯的母爱将她带到了寂静岭，在经历各种困境、面对各种恐怖的现象时，她依然能够坚持下来，只为了寻找到女儿，这是一种令人敬佩不已的母爱，一种无私得令人肃然起敬的天性，但在这个时候，在大是大非面前，

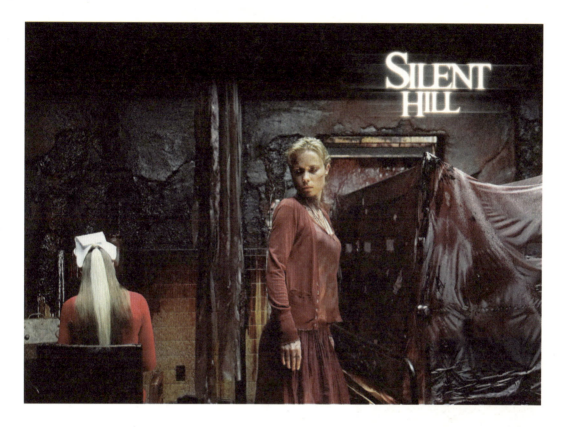

◎《寂静岭》剧照

在众多人的生命与女儿之间，罗斯的天平又会倾向哪一端呢？

罗斯最终选择了与恶魔达成交易。恶魔的阴谋达成了，一场血淋淋的复仇血洗了小镇。罗斯搂着失而复得的女儿，以手遮着她的眼睛说，一切都只是一场梦，她自己也闭上眼，希望自己对正义的背叛只是一场梦。

罗斯的选择让人们不由得要质疑母爱的狭隘，背离了正义原则的母爱还能算是母爱吗？影片的成功之处就在于它引发人们重新思考电影的主题——正义。

在影片中，恶魔是邪恶的，是正义所要反对的。与邪恶相关的一切，都应该除掉。所以，当邪教首领克里斯特贝拉和镇上的暴民们对年幼的阿蕾莎施以火刑时，他们心里没有丝毫的负罪感和邪恶感。这种邪恶的行为在面对人类时，居然还有正义的借口，仿佛一切打击邪恶、维护正义的事情都可以为所欲为，这让人们对正义产生了质疑。反观恶魔，

它替小女孩阿蕾莎报复了当年残害自己的人，为她讨回了公道，它的邪恶似乎又没有那么恶了。

也许这正是影片所要说的，一切都不是绝对的。导演借女警察贝尔之口说出了影片隐含的观点："正义有很多种形式，人类有自己的正义，上帝有自己的正义，哪怕魔鬼也有自己的正义！"所以，当那些暴民们在做着伤天害理之事时，却有着正义凌然的气势，当恶魔在残杀那些看似无辜之人时，却又是另一种形式的正义。这样说来，也许可以对罗斯的选择有了一些新的解释：她所背离的正义，并非真正的正义，她所妥协的邪恶，也并非那么邪恶。通过罗斯的母爱，导演巧妙地表现出了人性中的复杂性以及人性深处罪恶的不可知与欺骗性。

影片的最后，当罗斯开着车带着女儿回到家中时，一路上都是灰蒙蒙的景象，她来时途经的加油站也是空无一人，这似乎暗示着她仍没有走出那个阿蕾莎营造的表世界里。而另一边，她的丈夫还留在阳光普照的寂静岭小镇上，着急地寻找她们。也许是罗斯对莎伦坚持不懈、无私的爱令阿蕾莎羡慕不已，也许是阿蕾莎对自己的母亲当年对自己关爱不够心存怨恨，阿蕾莎希望将罗斯永远地留在自己身边。

影片改编自游戏，其中直接引用了游戏中的"三元论"，即影片中呈现出来的是三个不同的世界：真实世界，在真实世界中，寂静岭就是一个废弃的小镇，影片中用黄澄澄的颜色来做主色调。表世界，这个世界的主色调是灰蒙蒙的，也就是主人公罗斯车祸醒来后身处的世界，这其实是由阿蕾莎用邪恶的力量营造的一个世界，她将一切有罪之人困在了其中；里世界，

◎《寂静岭》海报三

这是一个黑暗的世界，里面充满了血腥和肮脏的景象，还有各种怪兽出没。这是阿蕾莎内心痛苦、仇恨的反映。这三个世界的交织，使得影片有些晦涩。

《寂静岭》的成功之处，就在于它一改游戏翻拍电影内涵缺失的毛病，在合理改编游戏的基础上，赋予了影片一定的内涵，将导演对宗教、道德、哲学、性等多方面的思考展示给观众，启发人们的思考。

## 寂静岭游戏

又名沉默之丘、死寂之城，是著名恐怖生存视频系列游戏，由日本著名游戏公司科乐美发行。该游戏的背景是美国托卢卡湖边一个被森林环绕的宁静小镇，这里曾是英国殖民地，18世纪时，一场瘟疫使小镇几乎成为无人之镇，后来，这里一度被遗弃。南北战争期间，这里曾被作为战俘营，大量战俘在这里遭到屠杀。到现代，镇上活跃着一个邪教团体，到处宣扬末世论。

寂静岭游戏注重角色塑造、气氛的营造和心理暗示，游戏的结局随着进程的改变而改变。《寂静岭》中所论述的内容，大多涉及人性的善恶、人伦道德等方面，还涉及到宗教、心理学和神秘学等内容。

◎《寂静岭》试玩游戏场景图